AF641212

Einladung zum Test!

SportPraxis

Seit über 50 Jahren DIE deutsche Fachzeitschrift für Sportlehrer, Übungsleiter und Trainer

100 JAHRE LIMPERT VERLAG

+ Der Übungsleiter

Ob Sie:

- **neue Ideen** für Ihre Schul- und Vereinsstunde
- komplette **Stundenbilder** zu allen Sportarten
- erfolgreiche und zeitgemäße **methodische** Konzepte
- aktuelle **Erkenntnisse** aus Sportpädagogik und -didaktik
- Hinweise zu **Tagungen**, **Kongressen** und **Workshops**
- **Rezensionen** zu neuen Fachbüchern und vieles mehr ...

im modernen Layout suchen:

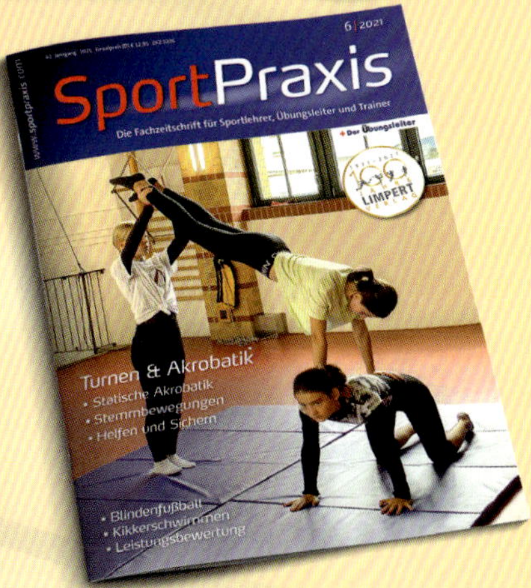

Mit der *SportPraxis* sind Sie immer eine Nasenlänge voraus!

Die *SportPraxis* erscheint pro Jahr in 6 Ausgaben und kostet im Abonnement € 65,00 (ermäßigt für Studenten / Referendare € 46,80).

... nutzen Sie noch heute unsere Test-Einladung!

Preisstand 2022 – Änderungen vorbehalten

Hier unser Kennenlern-Angebot!

Sie haben die Wahl!

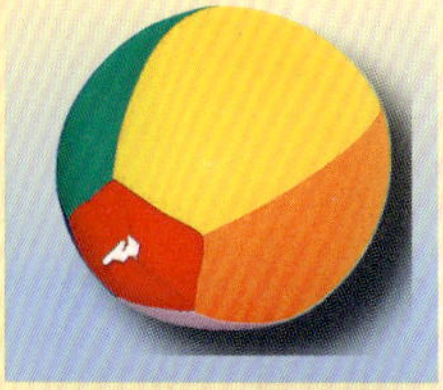

1. Sie bestellen **unverbindlich** ein **kostenloses Testheft** und erhalten dazu als Geschenk das Poster **„Gruppenspiele“**!

2. Sie entscheiden sich für ein **Mini-Abonnement** mit zwei aktuellen Heften zum **günstigen Testpreis von nur € 12,95** incl. Mehrwertsteuer und Versandkosten. Zusätzlich zu dem Poster **„Gruppenspiele“** erhalten Sie **gratis** das Sonderheft **„SPIELE“**!

Wenn Sie sich für ein Abonnement entscheiden und die *SportPraxis* regelmäßig zum Preis von € 65,00 (Studenten und Referendare € 46,80, bitte Bescheinigung beilegen,) für 12 Monate zzgl. Versandkosten beziehen möchten, brauchen Sie nichts weiter zu tun. Ansonsten erhalten wir von Ihnen bis spätestens 14 Tage nach Erhalt des **Testheftes** bzw. des zweiten Heftes des **Mini-Abonnements** eine entsprechende Nachricht (Post, Fax, E-Mail). Als Neuabonnent(in) steht Ihnen ein **Begrüßungsgeschenk** zu, und zwar der bewährte **„Luftmatz“**!

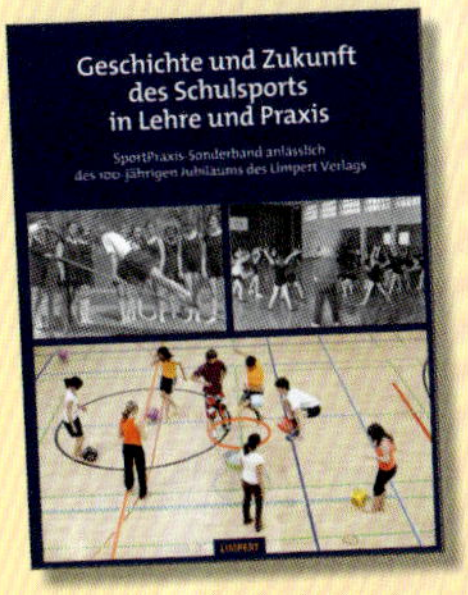

3. Schnellentschlossene profitieren zusätzlich! Als **„Sofort-Abonnent(in)“** bekommen Sie alle vorgenannten Geschenke gleich mit der ersten Lieferung und außerdem **als Zusatzgeschenk den Limpert-Jubiläumsband „Die Geschichte des Schulsports“**!

Ob so oder so: Entscheiden Sie sich noch heute für die *SportPraxis*, denn damit haben Sie in jedem Fall **die erste Wahl** getroffen!

Diese Geschenke warten auf Sie!

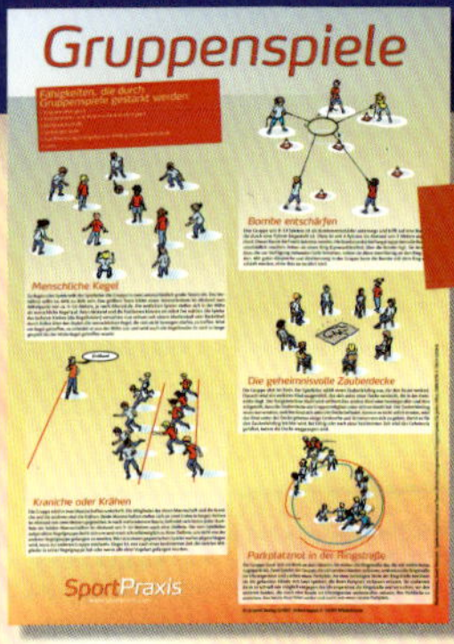

1. **Poster: „Gruppenspiele“**

Unser **„Dankeschön“** für Ihr Interesse

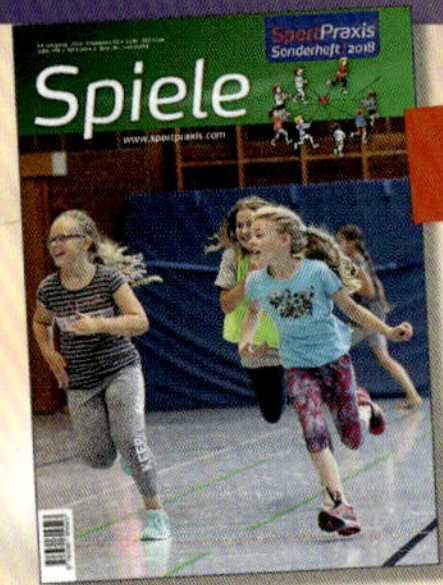

2. **Sonderheft: „Spiele“**

Zusätzlich für alle **Mini- und Sofort-abonnenten**

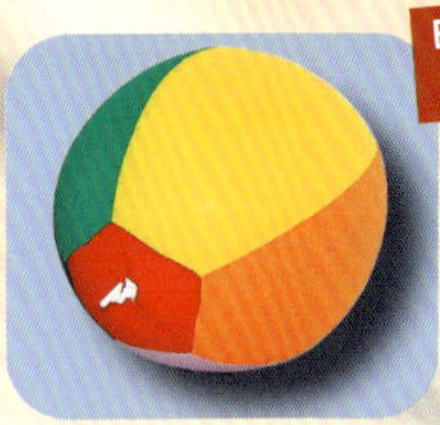

3. **Ball für die Hosentasche: „Der Luftmatz“**

Unser **Begrüßungsgeschenk** für **neue Abonnenten**!

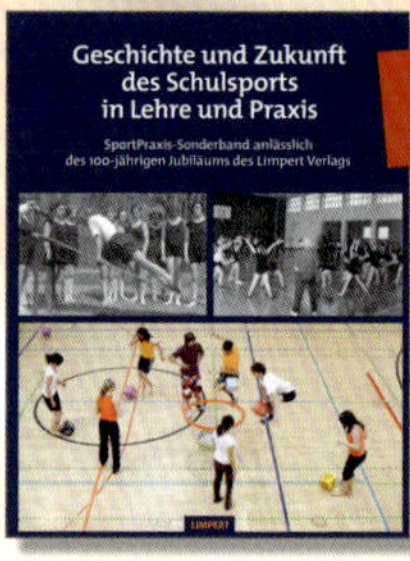

4. **Jubiläumsband: „Die Geschichte des Schulsports“**

Das **Zusatz-geschenk** für alle **Schnellent-schlossenen**!

LIMPERT
Limpert Verlag GmbH · Industriepark 3 · 56291 Wiebelsheim
E-Mail: sportpraxis@limpert.de · www.sportpraxis.com

Wir verarbeiten Ihre personenbezogenen Daten unter Beachtung der Bestimmungen der EU-Datenschutz Grundverordnung (DS-GVO), des Bundesdatenschutzgesetzes (BDSG) sowie aller weiteren maßgeblichen Gesetze. Grundlage für die Verarbeitung ist Art. 6 Abs. 1 DS-GVO. Unsere Datenschutzerklärung finden Sie unter www.limpert.de/datenschutz.

Absender:

Name

Straße

PLZ/Ort

☐ **Ja**, ich möchte die *SportPraxis* kennen lernen und bestelle zu den umseitigen Bedingungen
- ☐ ein kostenloses **Testheft**.
- ☐ ein zwei Hefte umfassendes **Mini-Abonnement.**

☐ **Ich** habe mich bereits entschlossen und bestelle ab sofort bzw. ab Heft .... die *SportPraxis* im Abonnement zum Preis von € 65,00 (ermäßigt € 46,80) für 12 Monate zzgl. Versandkosten. Als Geschenke erhalte ich bereits mit der ersten Lieferung: Das Poster **„Gruppenspiele“**, das Sonderheft **„SPIELE“, den „Lutmatz“** und als Zusatzgeschenk den Jubiläumsband **„Die Geschichte des Schulsports “!**

Datum: Unterschrift:

Garantie: Ich habe das Recht, diese Bestellung innerhalb von 14 Tagen (Poststempel) schriftlich beim Verlag zu widerrufen. Zeitschriften-Abonnements können jederzeit zum Ende der Abonnementslaufzeit, spätestens jedoch 2 Monate vorher (Datum des Poststempels), gekündigt werden. Die Kenntnisnahme bestätige ich mit meiner

zweiten Unterschrift:

Das Porto übernehmen wir für Sie

Deutsche Post
ANTWORT

Limpert Verlag GmbH
Redaktion SportPraxis
Industriepark 3
56291 Wiebelsheim
DEUTSCHLAND

Ringat • Tennis für Kinder und Jugendliche

Inhaltsverzeichnis

1. Einleitung

Auch wenn die Mitgliederzahlen in den vergangenen Jahren gesunken sind und die Auswirkungen des Becker-Booms nachgelassen haben, zählt Tennis nach wie vor zu den populärsten Sportarten Deutschlands. Aktuell (vgl. DTB, Mitgliederstatistik; Stand vom Juli 2021) befindet sich der DTB mit ca. 1,3 Millionen Mitgliedern auf der dritten Position der Liste deutscher Sportverbände. Nur der DFB und der Deutsche Turner Bund sind ihm hier überlegen (vgl. Statistik des DOSB).

Dabei zeigt sich, dass insbesondere die Zahl der älteren Mitglieder im Vergleich zu den übrigen Altersgruppen recht hoch ausfällt, gefolgt von der Gruppe der 7- bis 14-jährigen Tennisspieler. Ein Ziel für die kommenden Jahre sollte es demnach sein, die Kinder bereits früh mit altersgerechten Angeboten für Tennis zu begeistern und gleichzeitig dafür zu sorgen, dass die Jugendlichen auch nach dem 14. Lebensjahr dem Sport treu bleiben. Neben einer möglichen Veränderung vereinsinterner Strukturen lässt sich dies sicherlich durch ein abwechslungsreiches und motivierendes Training erzielen. Doch was muss dieses bieten?

Spaß und Spiel von Anfang an

Wer auch immer den Tennisschläger jemals in die Hand genommen hat, wird sicherlich nicht behaupten, dass Tennis eine leicht zu erlernende Sportart ist. Sie ist koordinativ höchst anspruchsvoll, sodass sich Erfolgserlebnisse im Großfeld nur schwer einstellen. Daraus wurde in den vergangenen Jahren bereits gelernt: Die Felder wurden für Kinder verkleinert, die Schläger leichter und kürzer gemacht und auch die Bälle wurden mittlerweile an unterschiedliche Schwierigkeitsstufen angepasst. Zu beobachten sind aber leider immer noch Vermittlungswege, die – ausgehend von der Technik des Tennisspiels – das Spielen, um das es hier eigentlich geht, stark vernachlässigen. Die Folge davon ist, dass die Kinder zwar auf einen zugespielten Ball eine bestimmte Technik abrufen können, diese aber bei Variationen im Ballwechsel häufig einbricht und unsicher wird. Erfolgserlebnisse stellen sich, wenn die Kinder überhaupt so lange durchhalten, erst spät ein, sodass der Spaß am eigentlichen Spiel nie wirklich zustande kommt.

Ziel ist es also zum einen, das Zielspiel so zu vereinfachen, dass es für die Kinder von Anfang an möglich ist, miteinander und gegeneinander anzutreten, zum anderen ihre koordinativen Grundlagen sportartübergreifend auszubilden, um ihnen ein größtmögliches Spektrum an Handlungsspielräumen und Erfahrungen mit auf den Weg zu geben.

In Anlehnung an NAGEL und SPRECKELS geht es in den vorgestellten Stundenbildern um „die Schulung von Fähigkeiten und Handlungsmustern als Basis für funktionelles Handeln" (NAGEL und SPRECKELS 2010, S. 51). Die verwendeten Spiel- und Übungsformen orientieren sich dementsprechend nicht an technischen Vorgaben, sondern stellen die Ausbildung der Spielfähigkeit in den Vordergrund. Dabei werden den Kindern von Anfang an die unterschiedlichen Spielideen des Miteinanders und Gegeneinanders nahegebracht.

Wer sich intensiver mit der Entwicklung und den Ansätzen der Motorikforschung auseinandersetzen möchte, sei an dieser Stelle an NAGEL und SPRECKELS verwiesen, da der Zweck des vorliegenden Buches keine theoretische Aufarbeitung beinhaltet, sondern das Praxisgeschehen auf dem Platz in den Vordergrund rückt.

Das Buch richtet sich damit an alle Übungsleiter, Trainer, Lehrer und interessierte Eltern, die Ideen und Anregungen für ihre Stunden brauchen und nicht lange in einem Spielekatalog suchen möchten, um sinnvolle Kombinationen zu entdecken. Die erarbeiteten und erprobten Stundenbilder sollen ihnen die Arbeit erleichtern und neuen Schwung ins Spielgeschehen bringen.

2. Aufbau und Anwendung der Stundenbilder

2.1 Gliederung der Stundenbilder

Die einzelnen Unterrichtseinheiten sind dem Schwierigkeitsgrad entsprechend geordnet.

Die ersten sieben Stunden zeigen Möglichkeiten des Übens im Rahmen der Grundlagenschulung auf. Es folgen Einheiten zu den Themen ‚Grundschläge', ‚Spielformen für größere Gruppen' und ‚Spielvorbereitung'. Gerade bei jüngeren Teilnehmern (im Folgenden TN) bietet es sich jedoch an, die Inhalte der Grundlagenschulung mehrfach in variierter Form anzubieten, bevor auf die weiterführenden Einheiten zurückgegriffen wird.

Grundsätzlich sind die Einheiten im Bereich der Grundlagenschulung eher für jüngere Kinder (ab 4 Jahren) geeignet, während die übrigen Stundenbilder sich eher in der Durchführung mit Kindern ab 7 Jahren bewährt haben. Sowohl in der Grundlagenschulung als auch in den Einheiten zu den Grundschlägen sind allerdings Spiele zu finden, die durchaus auch mit Jugendlichen und motivierten Erwachsenen absolviert werden können. Aufgrund dieser Vielzahl an Einsatzmöglichkeiten wird bewusst darauf verzichtet, den Stundenbildern konkrete Altersangaben zuzuordnen, da die Anwendung der Übungen stark von den Vorerfahrungen, dem Leistungsstand und der Bewegungsfreude der einzelnen Gruppen abhängig ist.

Um den Lesern dennoch eine Orientierungshilfe zu geben, wurden Tennisbälle als Symbole in die Kopfzeile eingefügt, die den Schwierigkeitsgrad der entsprechenden Stunde kennzeichnen:

Sehr leicht = | Leicht = | Mittel=

2.2 Aufbau der einzelnen Stundenbilder

Der Aufbau der Stundenbilder ist nach dem Prinzip Erwärmung, Hauptteil und Ausklang gegliedert, wobei jeder Stunde ein bestimmter Schwerpunkt zugrunde liegt.

Im Verlauf der allgemeinen Aufwärmung werden einfache Koordinations- und Laufübungen angewandt. Die spezielle Erwärmung bezieht sich inhaltlich auf den Hauptteil. Lautet der Schwerpunkt der Stunde beispielsweise ‚Einführung des Aufschlages', werden Wurfbewegungen zum Nutzen der Transferleistung bereits in die Erwärmung integriert.

Der Stundenausklang kann je nach Verlauf der Stunden themenbezogen aus dem Hauptteil hervorgehen. Gerade im Bereich der Grundlagenschulung bietet es sich jedoch an, sich die Kinder noch einmal losgelöst von der vorherigen Aufgabe bewegen zu lassen, um nach einer eher ruhigen Stunde ihrem Bewegungsdrang gerecht werden zu können oder aber eine sehr lebhafte und anstrengende Stunde entspannt ausklingen zu lassen.

Bei den meisten Vorschlägen wird von einer Teilnehmerzahl von vier Personen ausgegangen. Selbstverständlich lassen sich die Übungen aber auch mit mehr oder weniger Teilnehmern absolvieren. Besonders bei den Inhalten der Grundlagenschulung wurde Wert darauf gelegt, Übungen und Spiele zu verwenden, die auch mit einer größeren Spielerzahl durchgeführt werden können.

Der Einfachheit halber wird grundsätzlich nur die männliche Form verwendet. Es wird aber selbstverständlich davon ausgegangen, dass sich auch Trainerinnen und Teilnehmerinnen angesprochen fühlen.

2.3 Hinweise zu den Spiel- und Übungsformen

Die Inhalte der einzelnen Stunden sind nach folgendem Prinzip gegliedert:

Vorausgehend werden die **Titel** der Spiele und Übungen den entsprechenden übergeordneten Inhalten zugeordnet (Beispiel: Allgemeine Aufwärmung: Laufschule).

Anschließend folgt eine Übersicht über das benötigte **Material** in Abhängigkeit von der Teilnehmerzahl. Sofern Zusatzmaterial benötigt wird, ist es in dieser Spalte zu finden. Ausgenommen sind Spiele und Übungen, die ausschließlich mit Tennisschlägern und Tennisbällen auskommen. Diese werden nicht extra aufgelistet.

Die Beschreibung der Spiele erfolgt in einfachen Worten unter dem Stichwort **‚Durchführung'.** Fotos und Grafiken werden ergänzend eingebracht.

Der wichtigste Gliederungspunkt beinhaltet die **Variationen,** die notwendig sind, um die Übung entsprechend des Leistungsstandes der Gruppe anzupassen. Häufig reichen kleine Abwandlungen auch schon aus, um aus einer Übung eine ganze Reihe von weiteren Spielen zu entwickeln. Diese bieten auch über die 28 Stundenbilder hinaus zahlreiche Möglichkeiten, weitere Stunden selbständig zu gestalten.

Im Rahmen der ersten Einheiten zur Grundlagenschulung findet sich teilweise das Stichwort **Geschichte.** An dieser Stelle wurden einprägsame Namen und selbst erdachte Zusatzerläuterungen entwickelt, da die Erfahrung gezeigt hat, dass die Kleinen so motivierter sind und sich die Spiele auf diese Art und Weise auch besser merken können. So werden langwierige Erklärungen in den Folgestunden überflüssig.

Als grundlegend gilt selbstverständlich die Wahl der Feldgröße. Diese sollte im Rahmen der Grundlagenschulung das Kleinfeld, später das Midcourt-Feld und anschließend das Großfeld beinhalten.

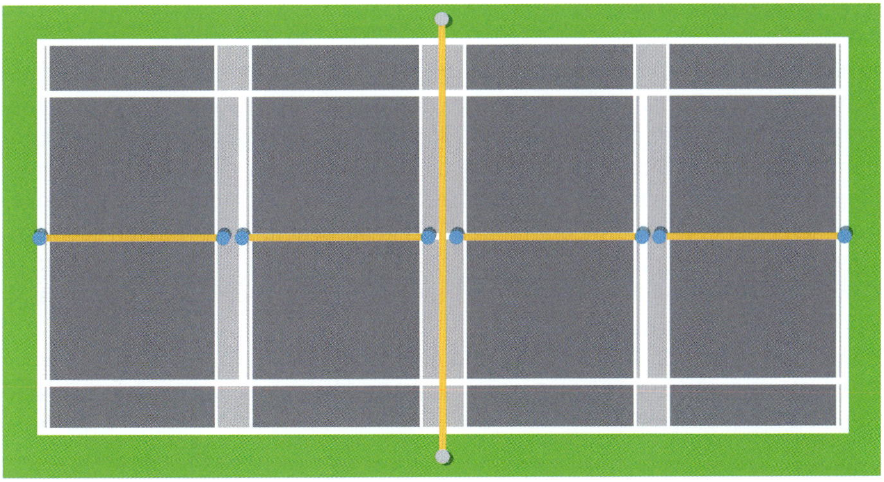

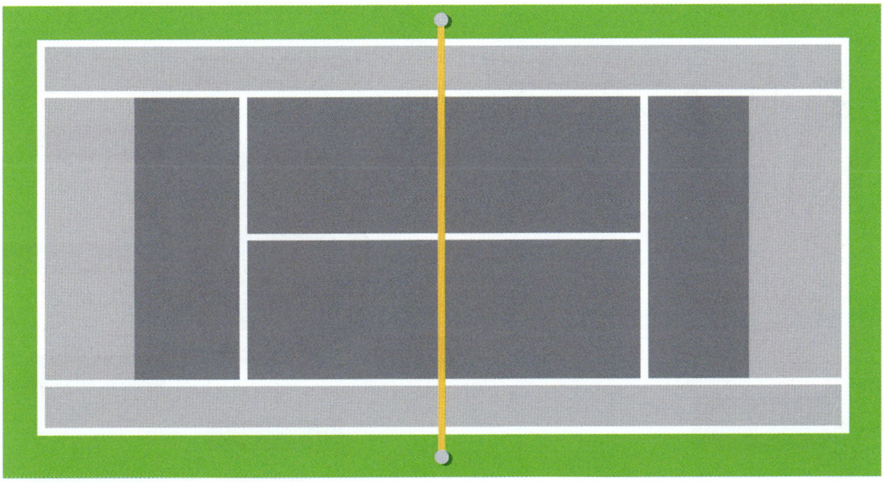

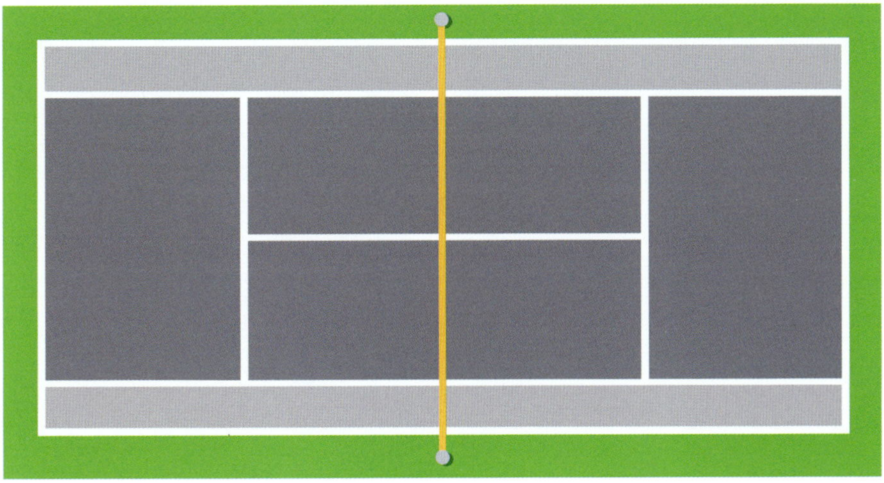

2.4 Griffhaltungen

In einigen Stundenbildern werden Fachbegriffe für die verschiedenen Griffhaltungen verwendet. Dabei wird von der Lage des Zeigefingerknöchels auf dem Schlägergriff ausgegangen. Dieser hat acht Flächen, die zur Orientierung dienen können. Die folgende Skizze verdeutlicht die Griffhaltungen eines Rechtshänders. Liegt der Fingerknöchel der rechten Hand beispielsweise auf der als zwei angegebenen Fläche, wird vom Continental-Griff gesprochen. Die grundsätzlich wichtigsten Bezeichnungen sind:

Continental-Griff: Volley, Slice, Stopp und Aufschlag (auch Semi-Continental-Griff oder Mischung möglich)

Semi-Continental-Griff: Rückhand und Aufschlag (s.o.)

Semi-Western-Griff: VH (auch Eastern oder Mischung zwischen Eastern-Griff und Semi-Western-griff möglich)

Griffhaltungen beim Tennis

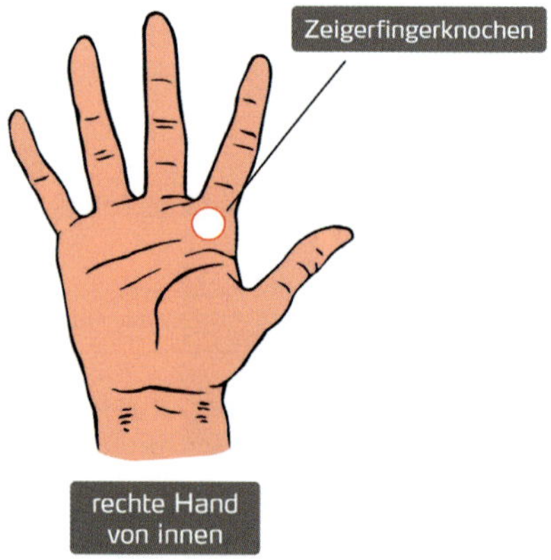

Griff eines Tennisschlägers von unten

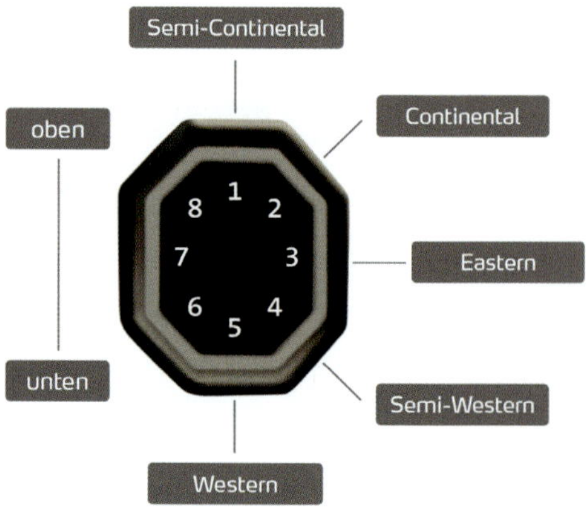

2.5 Grundlagenschulung

In diesem Bereich werden wir als ÜL zunehmend mit Kindern im Alter zwischen 4 und 7 Jahren konfrontiert, die bis dahin auf wenige Erfahrungen im koordinativen Bereich zurückgreifen können. Bevor sie in der Lage sind, Bälle gezielt mit- und gegeneinander über das Netz zu schlagen, braucht es Zeit und Geduld (von beiden Seiten), da sie erst einmal lernen müssen, den Ball richtig einzuschätzen und ihre eigenen Bewegungen darauf abzustimmen (Laufwege, Körpereinsatz, Auge-Hand-Koordination, ...)

Damit die Kinder dennoch von Anfang an spielen und Spaß haben können, wird der Schwierigkeitsgrad der Inhalte mit Hilfe folgender Mittel reduziert:

» Es werden leichtere und größere Bälle verwendet (Plastik-, Soft-, Schaumstoff- und Methodikbälle).
» Die Spiele starten nicht mit fliegenden, sondern mit rollenden Bällen (bekannt vom Low-T-Ball; vgl. BEZZENBERGER und KOCH 2004).
» Die ersten fliegenden Bälle werden durch Luftballons ersetzt, um den Kindern mehr Zeit und größere Erfolgserlebnisse zu geben.
» Die Rückschlagerfahrungen werden mit unterschiedlichen Materialien gesammelt (Hand, Handschläger, Zeitungen, Schuhe, Tennisschläger, Badmintonschläger).
» Die Feldgrößen und Netzhöhen sind (wie von den einzelnen Tennisverbänden mittlerweile auch vorgegeben) der Körpergröße der Teilnehmer angepasst.

2.6 Abkürzungen

Aus Gründen der Vereinfachung werden folgende Abkürzungen im Text verwendet:

TN	Teilnehmer und Teilnehmerinnen
RH	Rückhand
VH	Vorhand
GL	Grundlinie

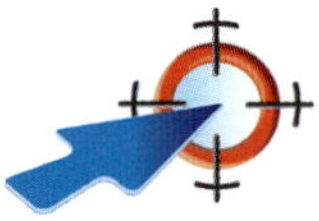

= Ziel der Stunde

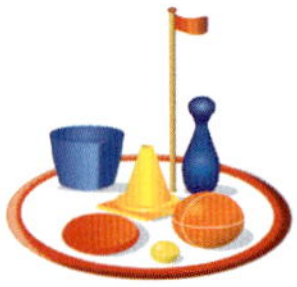

= Materialien/Geräte

3. Stundenbilder

3.1 Grundlagenschulung

3.1.1 Einführung des „Rolltennis“

Die Kinder sollen erste Erfahrungen mit dem rollenden Ball sammeln und lernen, diesen mit dem Schläger am Boden zu kontrollieren.

Aufwärmung

Allgemeine Aufwärmung: Laufschule
Zur allgemeinen Erwärmung bieten sich bei den jüngeren Kindern Bewegungsformen aus der Laufschule an, um die Bewegungsfähigkeit zu verbessern.

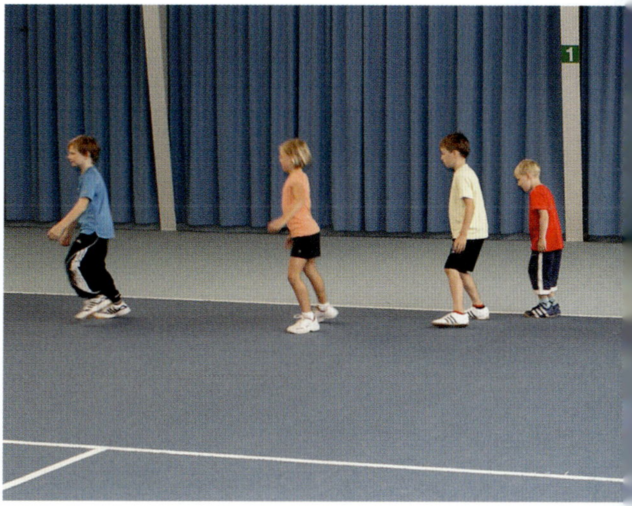

Beispiele sind:
» Vorwärts- und Rückwärtslauf
» Sidestep
» Kniehebellauf
» Fersengang
» Zehenspitzengang
» Kreuzschritte
» Kombination der Laufarten mit Körperdrehungen und Richtungswechseln

Spezielle Aufwärmung: Kaninchenfangen

Methodikbälle

Durchführung: Die Kinder stellen sich hintereinander an der Grundlinie mit Blickrichtung zum Netz auf. Die Beine sind bei allen weit gespreizt, sodass eine Gasse entsteht. Ein vom Trainer durch die Gasse gerollter Ball soll nun von dem ersten Kind aus der Reihe mit dem Tennisschläger gestoppt werden, bevor er das Netz erreicht.

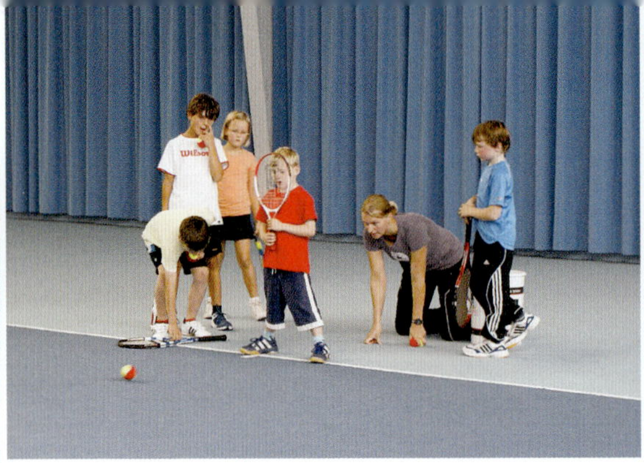

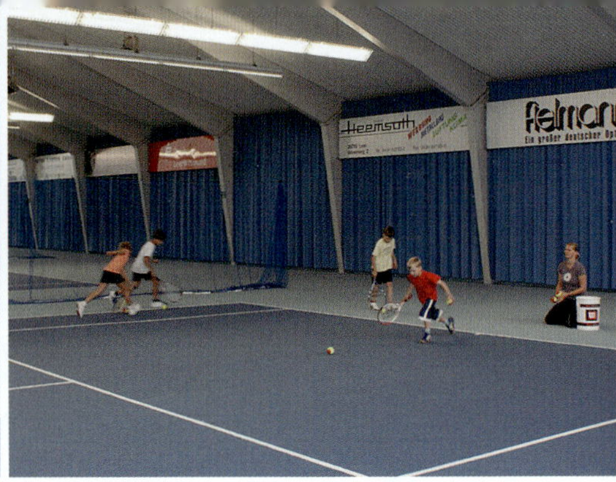

Variationen:
» Bei großen Gruppen können die Kinder die Übung zu zweit absolvieren.
» Es können größere Bälle Verwendung finden, die durch das Abstoppen mit dem Fuß, dem Schläger oder durch Hinsetzen (auf den Ball) angehalten werden müssen.

Geschichte: Um den Inhalt für die Kinder greifbarer zu machen, wird ihnen berichtet, dass sie dafür verantwortlich sind, die aus dem Stall (Gasse) ausgebrochenen Kaninchen (Methodikbälle) wieder einzufangen.

Hauptteil

Hund ausführen

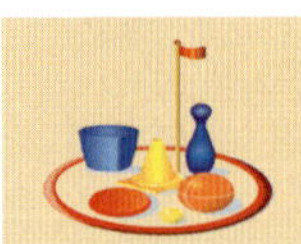

Je ein Tennisschläger und ein Soft- oder Methodikball pro Kind; Pylonen zur Markierung des Feldes.

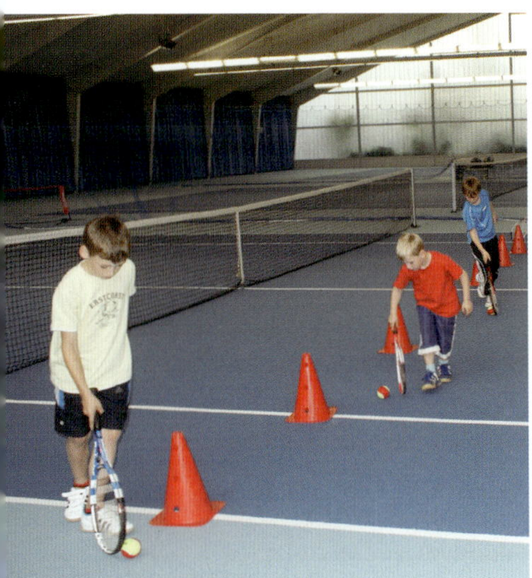

Durchführung: Mit Hilfe des Tennisschlägers sollen die Kinder ihren Ball in einem begrenzten Feld (z. B. Tennisfeld auf einer Netzseite) vorwärts rollen. Dabei dürfen sie das Feld nicht verlassen und keinen Mitspieler berühren.

Variationen:
» Es können Hindernisse aufgestellt werden, die es zu umgehen gilt.
» Die Bälle können variiert werden.
» Bei einer Begegnung mit einem anderen TN werden die Bälle getauscht.
» Es kann eine Staffel daraus entwickelt werden.

Geschichte: Die Bälle stellen die Hunde dar, die ausgeführt werden müssen. Der Tennisschläger steht stellvertretend für die Leine.

Zwergenhockey

Jeweils 4 Pylonen, zwei Tennisschläger und ein Ball (leichter Ball mit ca. 20–25 cm Durchmesser) pro Zweierteam.

Vorbereitung: Es werden pro Zweierteam zwei Tore mit den Pylonen abgesteckt. Die Entfernung kann je nach Könnensstand variiert werden. In der Mitte des Feldes sollte eine Linie vorhanden sein.

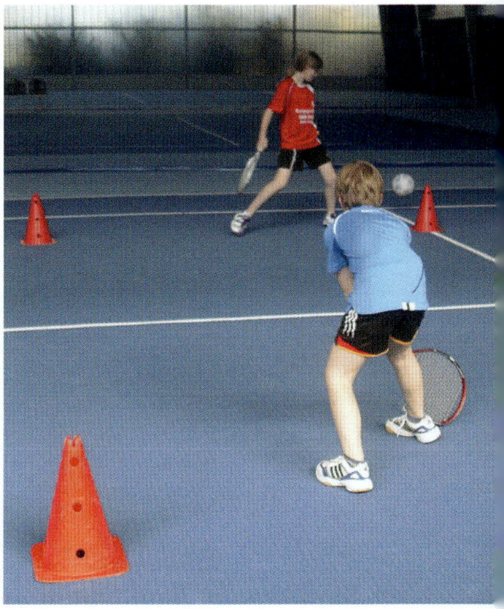

Durchführung: Jeweils ein Kind stellt sich mit dem Schläger in eines der beiden Tore. Nun sollen beide versuchen, den Ball in das gegenüberliegende Tor zu schlagen. Dabei dürfen der Ball nur flach gehalten und die Mittellinie nicht übertreten werden.

Variationen:
- » Das Spielfeld kann vergrößert werden, um 2 gegen 2 spielen zu lassen.
- » Die Bälle können ebenfalls variiert werden (z. B. kleinere oder schwerere Bälle).
- » Sofern die notwendigen Materialien vorhanden sind, kann das Low-T-Ball-Netz Verwendung finden, d. h., dass der Ball unter der Holzvorrichtung hindurch geschlagen werden muss (vgl. BEZZENBERGER und KOCH 2004, S. 50–51).

Geschichte: Die Zwergenkönige haben Gold gesammelt und in ihren Häusern gelagert. Nun sind nur noch ein paar große, hässliche Steine (Bälle) übrig, die jedoch nicht liegen bleiben dürfen. Doch keiner der Könige will sie in seinem Haus haben. Daher rollen sie sich diese so lange hin und her, bis sie das Haus des Gegners treffen.

Abschluss

Hundehütte

Keines

Durchführung: Die TN bewegen sich in einem vorgegebenen Feld. Einer ist Fänger und soll versuchen, die anderen zu ticken. Wer berührt wurde, stellt sich breitbeinig in das Feld und kann befreit werden, indem jemand durch seine Beine krabbelt. Das Spiel ist beendet, wenn der Fänger alle Mitspieler getickt hat.

Variation: Der Fänger darf eine bestimmte Zeit lang fangen. Der ÜL zählt mit, wie viele Mitspieler er in dieser Zeit berührt. Welcher Fänger ist der erfolgreichste?

Geschichte: Der Leiter des Tierheimes hat ein großes Problem, da seine Hunde alle ausgebüchst sind. Nun muss er sie einfangen und in ihre Hundehütten zurückschicken.

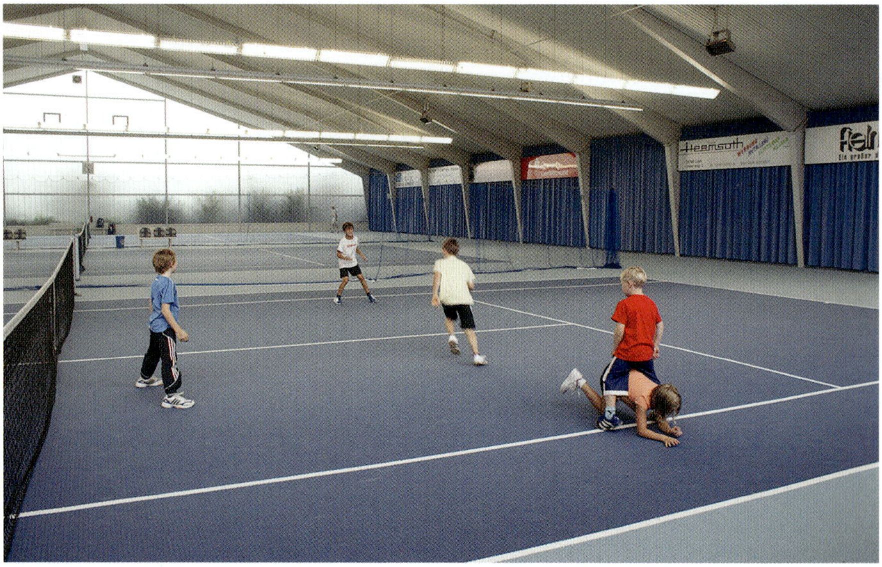

Eigene Ideen und Kommentare:

3.1.2 Hockeyvariationen

Die TN sollen die Erfahrungen aus dem Low-T-Ball auf verschiedene Hockeyformen übertragen, die durch den Zusatzfaktor der Orientierung im Raum einen höheren Schwierigkeitsgrad besitzen.

Aufwärmung

Allgemeine Aufwärmung: Eisenbahnspiel

Keines; Voraussetzung sind mindestens 5 TN (wenn nur 4 anwesend sind, kann sich der ÜL am Spiel beteiligen).

Durchführung: Die Kinder bewegen sich zu zweit hintereinander, auf unterschiedliche Weise laufend, über den Platz. Ein TN ohne Partner muss nun versuchen, sich an eine Zweiergruppe anzuhängen. Sobald er dies geschafft hat, löst sich der Vordermann aus der Gruppe und bemüht sich, Anschluss an eine andere Gruppe zu finden.

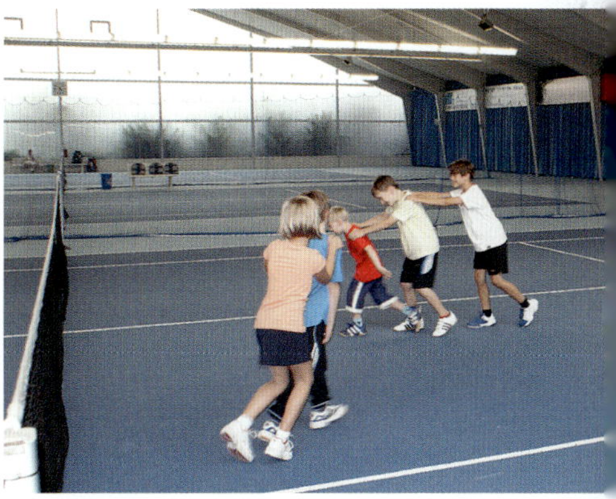

Variation: Sollten weniger als 5 TN in der Gruppe sein, kann das Spiel als Schattenlauf durchgeführt werden. Immer zwei Kinder laufen hintereinander, wobei der Hintermann den Schatten des Partners spielt. Er darf diesen also nicht verlieren und muss die Bewegungen des Vordermannes nachahmen.

Geschichte: Auf der Strecke Tennisplatzdorf nach Ballhausen fährt ein Regionalzug. Dieser darf aber nicht mehr als zwei Waggons besitzen, da er sonst zu lang für die zahlreichen engen Kurven wird.

Spezielle Aufwärmung: Rollstaffel

2 größere Plastikbälle.

Durchführung: Die TN werden in zwei Gruppen aufgeteilt. Jede Gruppe steht in einer Reihe mit gespreizten Beinen hintereinander an der Startlinie (z. B. Grundlinie). Der Vordermann rollt den Ball auf Kommando durch die Gasse. Der Hintermann nimmt den Ball in Empfang, läuft mit ihm an die Spitze der Reihe und rollt ihn wieder nach hinten durch. So geht es weiter, bis eine Zielmarkierung (z. B. die T-Linie) erreicht ist.

Variation: Der Ball wird nicht nach hinten gerollt, sondern über Kopfhöhe nach hinten transportiert.

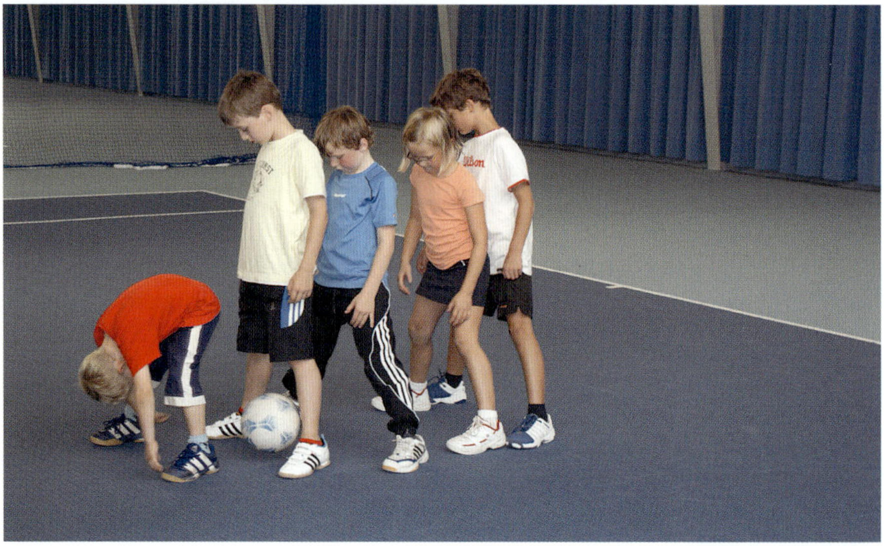

Tipp: Bei Gruppen, die gern den Abstand mehr und mehr vergrößern, sodass sie bereits nach wenigen Versuchen an der Zielmarkierung angekommen sind, kann auch über die Vorgabe einer bestimmten Durchgangszahl der Gewinner ermittelt werden.

Hauptteil

Schneeball rollen

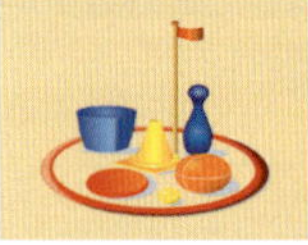

7 Pylonen für 4 TN; je 1 Ball für ein Zweierteam und Schläger für jeden.

Durchführung: Die Pylonen werden in einer langen Reihe mit ca. 2 m Abstand dazwischen aufgestellt. Zwei TN stellen sich jeweils links und rechts von den Hütchen am Startpunkt auf. Partner A rollt nun den Ball durch die erste Lücke zu B, dieser läuft zum nächsten Zwischenraum, schiebt den Ball vorsichtig zurück zu A usw., bis beide am Ende der Pylonenkette angekommen sind. Derjenige, der dort den Ball am Schläger führt, rollt ihn außen zum Startpunkt zurück.

Variationen:

» Bei einer ungeraden TN-Zahl kann entweder der Trainer mitspielen oder die Partner werden bei jedem Durchgang gewechselt.
» Bei mehr als 5 Kindern sollten zwei Reihen mit Markierungskegeln aufgestellt werden, um die Wartezeit zu verkürzen.

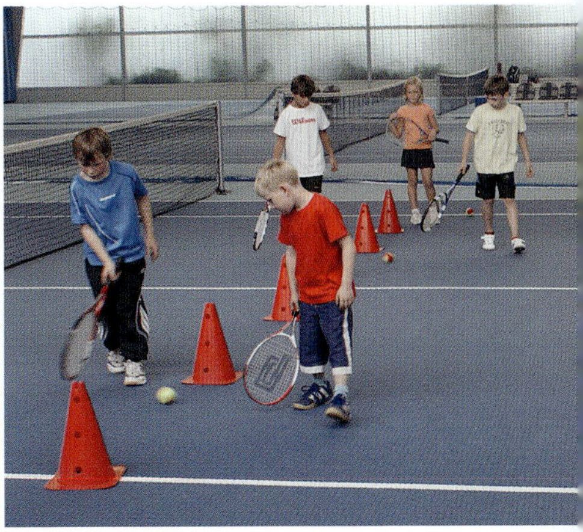

Geschichte: Draußen liegt Schnee und ihr möchtet einen großen Schneemann bauen. Dafür benötigt ihr schöne, runde Schneebälle. Um diese zu bekommen, rollt ihr sie euch durch den Schnee hin und her, allerdings nicht auf derselben Stelle, damit der Schnee immer schön frisch und sauber bleibt.

Schuhhockey

2 Tore oder Markierungskegel zur Abgrenzung; 1 Schuh pro TN (entweder alte Schuhe aus dem Vorrat oder jedes Kind zieht einen seiner Schuhe aus); 1 Softball oder kleiner Plastikball.

Durchführung: Auf einer Hälfte des Tennisplatzes werden zwei Tore aufgebaut (entweder längs, vom Netz zur Hallenwand, oder quer, von Doppellinie zu Doppellinie). Zwei Mannschaften treten dann gegeneinander an und versuchen, einen Softball mit Hilfe eines Schuhs in das gegnerische Tor zu befördern.

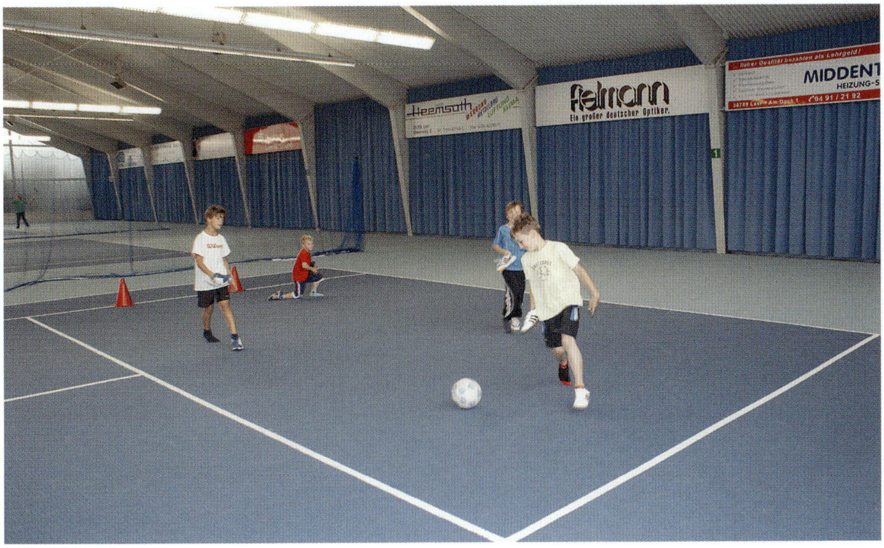

Variation:

Die Tore dürfen auch von hinten erzielt werden.

Abschluss

Tennisballgymnastik und Massage

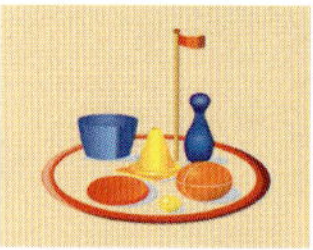

1 Tennisball pro TN.

Durchführung:
Die TN sitzen im Kreis auf dem Boden und führen gemeinsam folgende koordinative Übungen mit dem Tennisball durch:

» den Ball mit den Füßen hin- und herrollen,
» den Ball mit den Händen um die gestreckten Beine rollen,
» den Ball die Beine herunterrollen lassen und auffangen,
» um den Körper herumführen,
» die Beine anheben und den Ball darunter und darüber herführen.

Anschließend finden sich zwei TN zusammen. Einer darf dem anderen nun mit seinem Tennisball den Rücken massieren. Dabei kann die Sitzposition beibehalten werden, auch eine Massage in Bauchlage ist möglich.

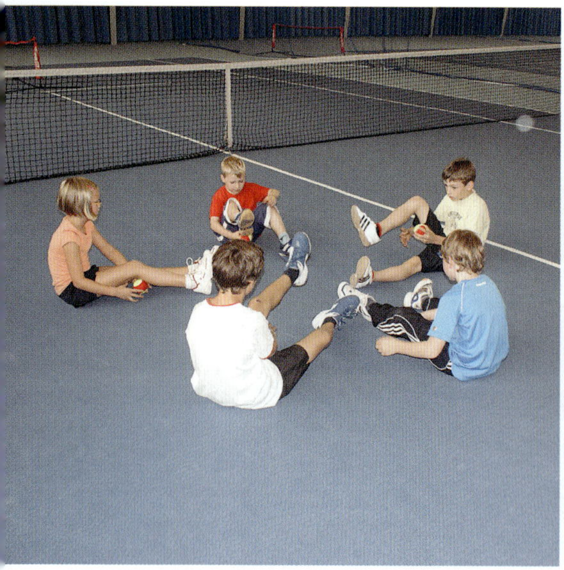

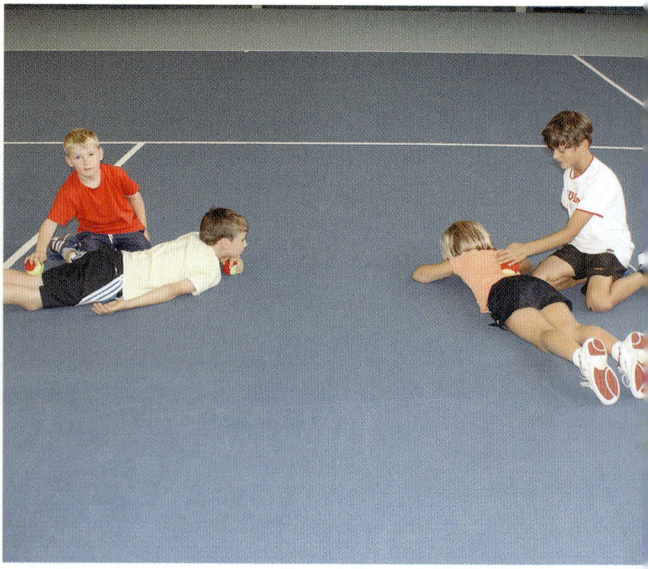

3.1.3 Fliegende Objekte einschätzen lernen

Die TN sollen erste Erfahrungen mit fliegenden Objekten sammeln. Um ihnen die Aufgabe zu erleichtern, werden Luftballons an Stelle von Tennisbällen verwendet und die Schläger zunächst weggelassen.

Aufwärmung

Allgemeine Aufwärmung: Luftballons in der Luft halten

Je 1 Luftballon pro TN.

Durchführung: Die Kinder bewegen sich auf dem Platz und halten dabei die Luftballons mit der Hand in der Luft, ohne dass diese den Boden berühren.

Variationen:

» Es darf nur die schwache Hand verwendet werden.
» Beide Hände im Wechsel benutzen.
» Der Ballon darf mit allem berührt werden, nur nicht mit den Händen.
» Es müssen zwei Ballons gleichzeitig oben gehalten werden.
» Alle TN müssen sich bemühen, gemeinsam alle Ballons in der Luft zu halten. Dabei dürfen sie jeden Ballon immer nur einmal berühren, nicht zweimal nacheinander.

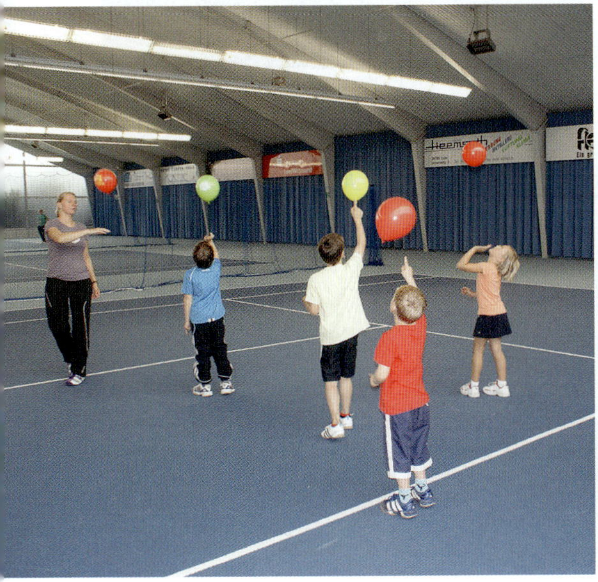

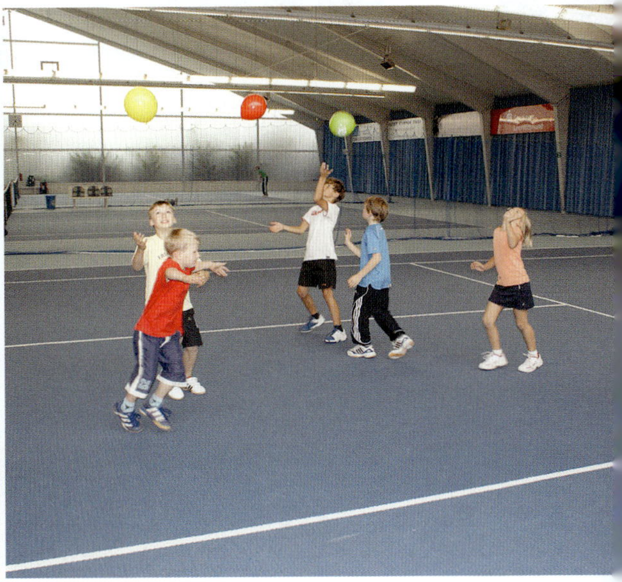

Spezielle Aufwärmung: Luftballon-Staffel

Etwa vier- bis fünfmal so viele Ballons wie TN; 4 Pylonen; 1 Schläger pro Kind (Tischtennisschläger, Tennisschläger, Handschläger).

Durchführung: Die Kinder werden in zwei Mannschaften (A und B) eingeteilt. Team A läuft um einen abgesteckten Viereckparcours. Dabei starten alle Mitglieder der Mannschaft zur gleichen Zeit, sie dürfen aber im eigenen Tempo laufen, ohne zusammenbleiben zu müssen. Jeder zählt seine absolvierten Runden. In dieser Zeit muss Mannschaft B eine vorgegebene Anzahl von Luftballons mit den entsprechenden Schlägern von einem Tor ins andere transportieren. Sobald sie fertig ist, hält Team A an und zählt die eigenen Runden zusammen. Anschließend wird gewechselt. Welche Gruppe schafft die meisten Runden?

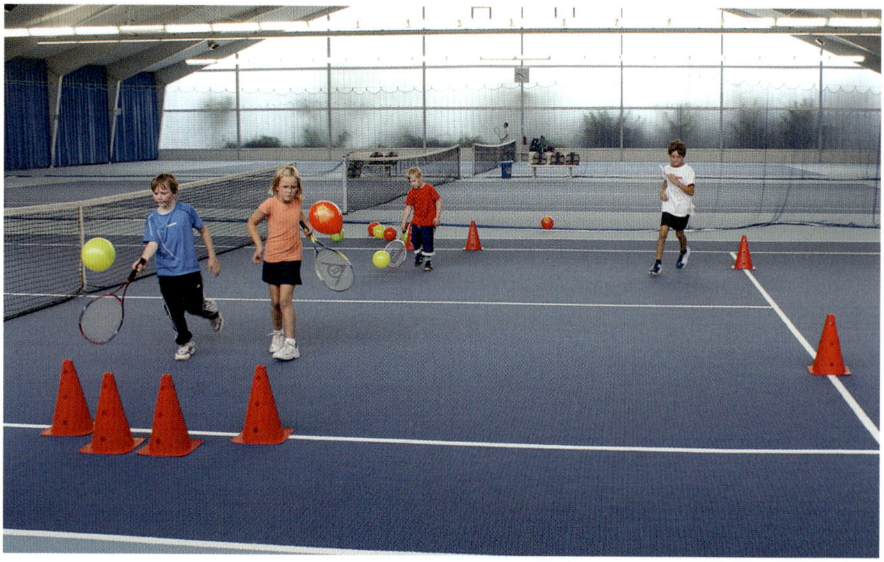

Variationen:

- Die Luftballons werden mit der Hand transportiert.
- Es müssen Bälle transportiert werden, die nicht vom Schläger herunterfallen dürfen.

Hauptteil

Tennis-Baseball

Markierungen für den Parcours; 1 Softball; 1 Schläger nach Wahl; **Achtung:** Der Ball sollte vom Netz zur Hallenwand geschlagen werden, da er sonst oft von der anderen Spielfeldhälfte geholt werden muss!

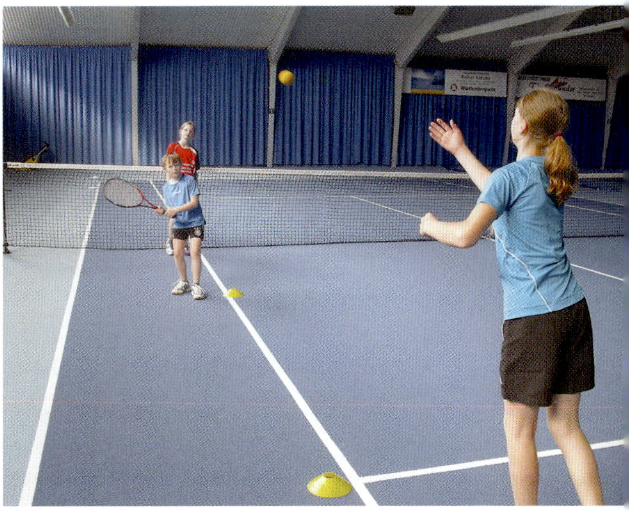

Durchführung: Die Mannschaften des Aufwärmspieles bleiben zusammen. Team A steht in einer Reihe an einer Ecke des Viereckparcours. Der erste Läufer erhält einen Schläger und soll damit einen Ball treffen, der vom Trainer angeworfen wird (dieser darf ruhig ein- oder zweimal aufspringen). Der Ball wird in Richtung des Spielfeldes geschlagen, sodass die gegnerische Mannschaft diesen fangen oder einsammeln kann, um ihn anschließend in einen Reifen zu legen. Wie beim Brennball darf der erste Läufer so lange von Markierung zu Markierung laufen, bis der Ball im Reifen liegt. Spätestens dann muss er stehen bleiben, da er sonst „verbrannt" ist. Schafft er eine komplette Runde, bekommt seine Mannschaft 3 Punkte gutgeschrieben, muss er seine Runde mit dem nächsten Läufer beenden, erhält er nur einen Punkt.

Nach einer vorgegebenen Zeit werden die Aufgaben gewechselt.

Variation: Die Positionen werden nach jedem verbrannten TN gewechselt. Diese Form bietet sich aber erst dann an, wenn die Kinder das Spiel schon kennengelernt haben.

Abschluss

Linienticker

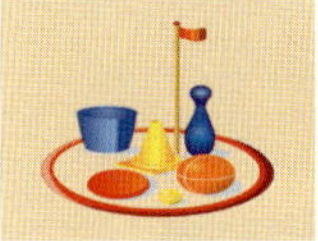	Keines

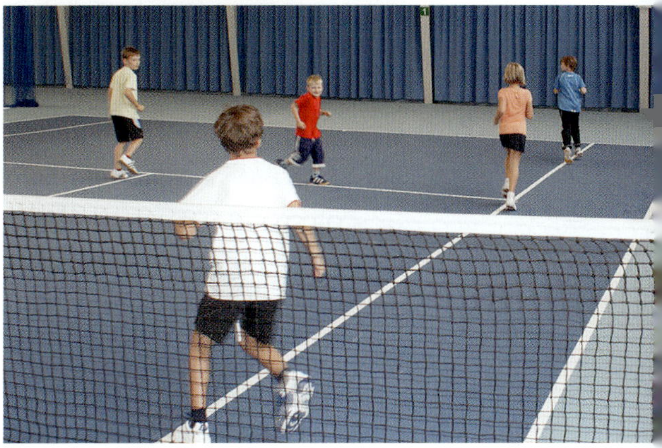

Durchführung: Die Kinder bewegen sich auf den Linien einer Platzhälfte (eine gedachte Linie vor dem Netz). Ein Kind wird zum Fänger bestimmt und muss die anderen ticken, ohne die Linien zu verlassen.

Variation: Bei wenigen Kindern kann das Feld verkleinert werden (z. B. nur das T-Feld).

3.1.4 Rückschlagspiele mit Zeitungen

Durch den zusätzlichen Einsatz von Zeitungen als Schlägerersatz werden die Rückschlagerfahrungen erweitert. Aufgrund der geringeren Breite der Zeitungen müssen die TN lernen, die Bewegungen kontrolliert auszuführen.

Aufwärmung

Allgemeine Aufwärmung: Linienspiel

Keines; zur Vorbereitung des Spieles sollten die Linien des Tennisplatzes besprochen werden, d. h., dass der Trainer die Namen der einzelnen Tennisplatzlinien benennt und die Schüler anlaufen lässt, damit sie sich diese besser merken können.

Durchführung: Die TN stellen sich alle auf die T-Linie. Auf Zuruf des Trainers laufen alle zu der jeweils genannten Linie. Dies wird mehrfach wiederholt, bis alle Linien des Platzes mindestens einmal angelaufen wurden.

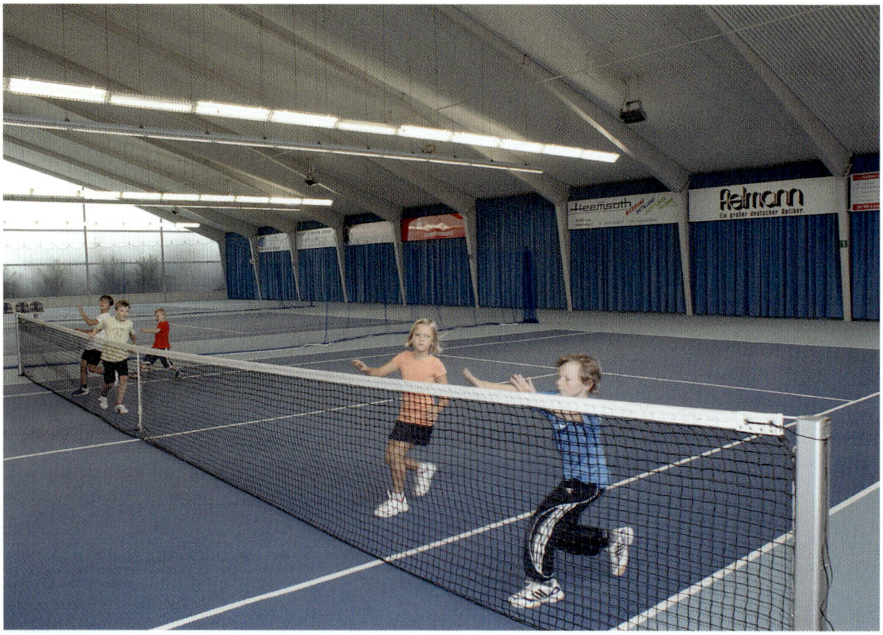

Variationen:

- Das Spiel kann ähnlich wie Feuer, Wasser, Luft auch mit Sieger gespielt werden, indem derjenige, der als letzter an der entsprechenden Linie ankommt, ausscheidet, bis nur noch ein Kind übrig bleibt.
- Lustig ist es für die Kinder auch, wenn eine Linie benannt, aber in eine andere Richtung gezeigt wird.

» **Spezielle Aufwärmung: Zeitungsspiele**

1 aufgerollte Zeitung und 1 Luftballon pro TN; 1 Softball pro Paar.

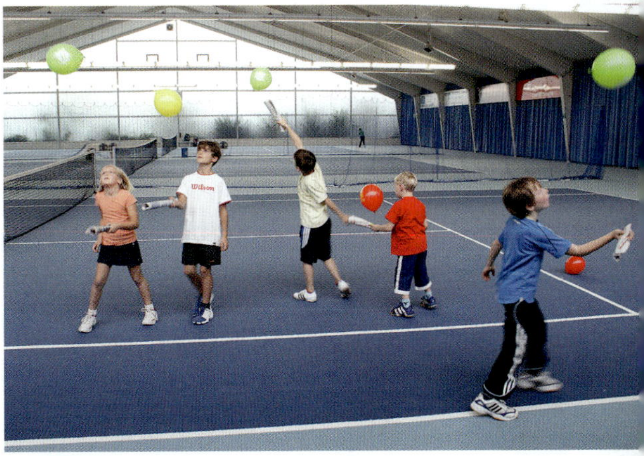

Durchführung: Die Kinder erhalten verschiedene Arbeitsaufträge mit Zeitung und Luftballon:

» Der Ballon wird in der Luft gehalten.

» Die Kinder sollen zusammen alle Luftballons in der Luft halten. Dabei darf ein Ballon nicht zweimal nacheinander von demselben Spieler berührt werden.

» Zu zweit wird ein Luftballon in der Luft gehalten, während die Partner sich mit der Zeitung einen Softball zuspielen oder zurollen.

Hauptteil

Zeitungstennis

1 Kleinfeldnetz für 4 Spieler; aufgerollte Zeitungen in der Anzahl der TN und jeweils 1 Luftballon pro Paar; evtl. Markierungen zur Abgrenzung des Kleinfeldes in zwei Hälften.

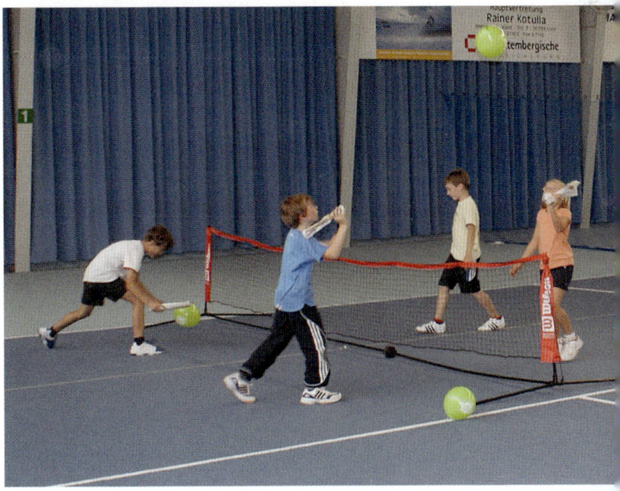

Durchführung: Die Partner stehen sich am Kleinfeldnetz gegenüber und spielen sich einen Luftballon mit Zeitungen über das Netz zu. Dabei sollen sie den Ballon

» mit der starken Hand,

» mit der schwachen Hand,

» mit VH und RH im Wechsel,

» nur von unten nach oben,

» möglichst oft über dem Kopf

zurückspielen. Anschließend können die o.g. Übungen auch cross durchgeführt werden.

Volleyballtennis

S. Zeitungstennis, nur Tennisschläger an Stelle von Zeitungen.

Durchführung: Ziel des Spieles ist es, den Ballon gemeinsam mit seinem Partner so zu spielen, dass er bei der gegnerischen Mannschaft auf dem Boden landet. Dabei ist es erlaubt, den Ballon auf der eigenen Seite einmal abzuspielen, bevor er auf die andere Seite geschlagen wird. Verboten ist es allerdings, den Ballon zweimal nacheinander zu berühren.

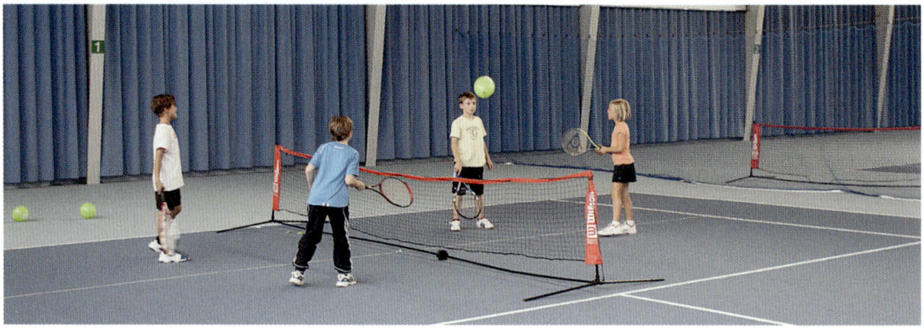

Variation: Der Ballon **muss** einmal abgespielt werden, bevor er auf die andere Seite gespielt wird.

Abschluss

Zeitungsball

2 Tore, 1 Softball und Zeitungen in der Anzahl der TN.

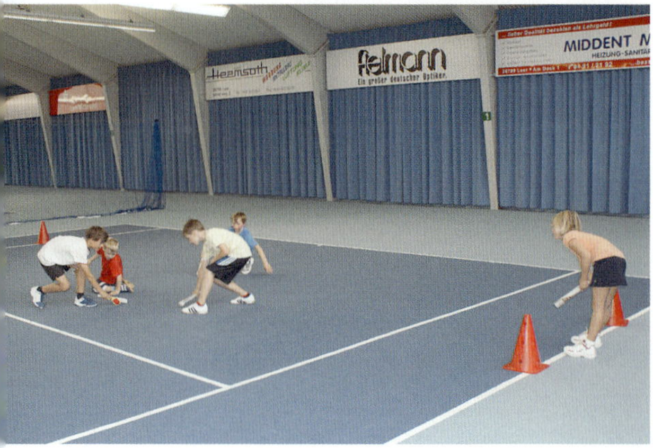

Durchführung: In Anlehnung an das Spiel „Schuhhockey" soll der Ball mit Hilfe der aufgerollten Zeitungen in das gegnerische Tor gespielt werden.

Variation: Der Schwierigkeitsgrad kann erhöht werden, indem jede Mannschaft 2 Tore hat, die sie verteidigen muss.

3.1.5 Werfen und Fangen

Die TN erfahren die Bewegung des Werfens als Grundlage der Schlagbewegung.

Aufwärmung

Miniparcours

Markierungskegel, Tennisschläger, Luftballon, Methodikbälle.

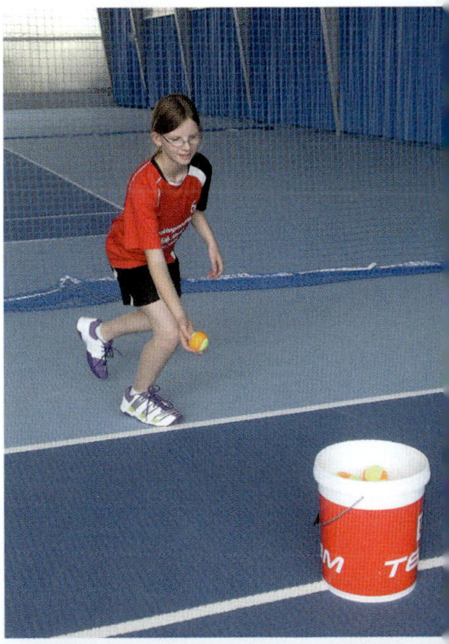

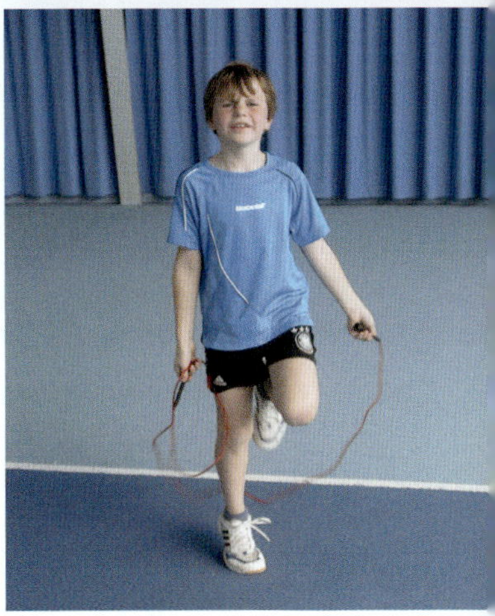

Durchführung: Die Übungen der ersten Stunden sollten in diesem Aufwärmparcours Berücksichtigung finden. Die Stationen werden jeweils 60–90 Sekunden lang durchgeführt, bevor zur nächsten Übung gewechselt wird.

Station 1: Einen Ball mit Hilfe eines Tennisschlägers um zwei ca. 4 m auseinander stehende Pylonen rollen.
Station 2: Einen Luftballon in der Luft halten, ohne dass dieser den Boden berührt.
Station 3: Bälle aus ca. 1 m Entfernung in einen Eimer werfen.
Station 4: Einen Ball wiederholt mit einem Tennisschläger gegen eine Wand rollen, sodass er nicht nach hinten wegrollt.
Station 5: Es werden Zieltreffer mit einem beliebigen Schläger aus ca. 3–4 m Entfernung auf ein Tor durchgeführt.

Variation: Je nach Können der Kinder dürfen natürlich auch andere Übungen Anwendung finden (Seilspringen, Ball prellen, Ball gegen eine Wand schlagen, etc.).

Hauptteil

Hütchenfangen

Je 1 Hütchen pro Kind; Methodikbälle.

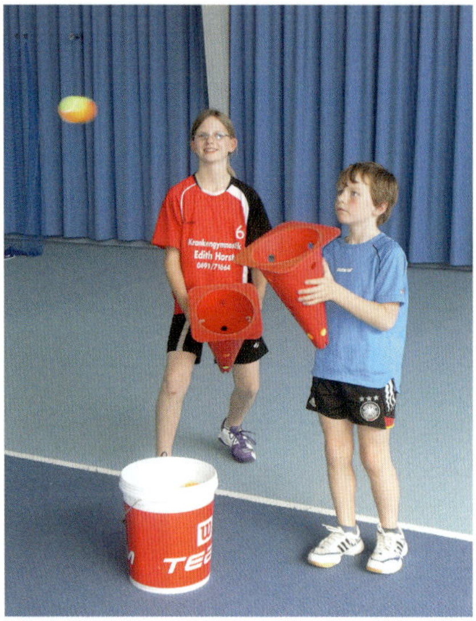

Durchführung: Der Trainer wirft Bälle an, die von den TN mit einem Hütchen gefangen werden müssen. Wer hat zuerst 5 Bälle in seinem Hütchen?

Variationen:
» Die TN werfen sich partnerweise die Bälle zu.
» Jeder TN wirft sich selbst einen Ball an, der nach einmaligem Aufspringen gefangen werden muss.

Fang den Ball

Je 1 Kleinfeldnetz und einen größeren Ball (ca. 20 cm Durchmesser) für 4 Spieler.

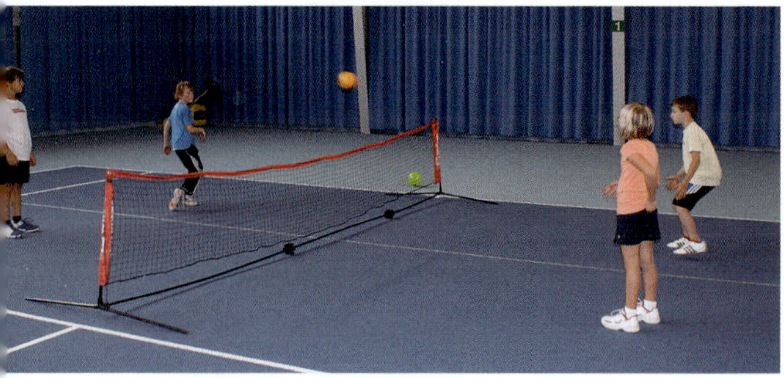

Durchführung: Die TN stellen sich in Paaren auf beiden Seiten des Netzes auf. Ziel des Spieles ist es, den Ball so in das gegnerische Feld zu werfen, dass dieser von den Gegnern nicht gefangen werden kann, bevor er zum zweiten Mal aufspringt. Für jeden Fehler des Gegners gibt es einen Punkt.

Weitere Regeln:
» Der Ball muss von unten geworfen werden.
» Es ist erlaubt, ihn auch direkt aus der Luft zu fangen.
» Geworfen wird immer von dem Punkt aus, an dem der Ball gefangen wurde.
» Ebenfalls als Punktverlust wird das Fallenlassen des Balles nach dem Fangen gewertet.

Variationen:

- Wird das Spiel mit dem großen Ball gut beherrscht, können kleinere Bälle verwendet werden, die schwerer zu greifen sind (z. B. Methodikbälle).
- Eine Durchführung 1:1 im halben Feld ist ebenfalls möglich.

Abschluss

Sprintstaffel „Bälle sammeln“

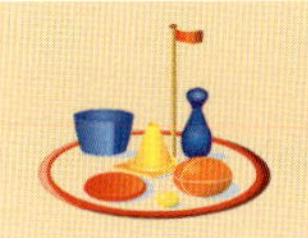

3 Tennisbälle und 1 Tennisschläger pro TN.

Durchführung: Die Spieler legen jeweils einen Tennisball auf die T-Linie, einen zwischen T-Linie und Netz und den dritten an das Netz. Den Tennisschläger platzieren sie auf gleicher Höhe auf die Grundlinie. Ziel des Spieles ist es, die Bälle einzeln einzusammeln und auf dem Tennisschläger abzulegen, bevor die anderen fertig sind.

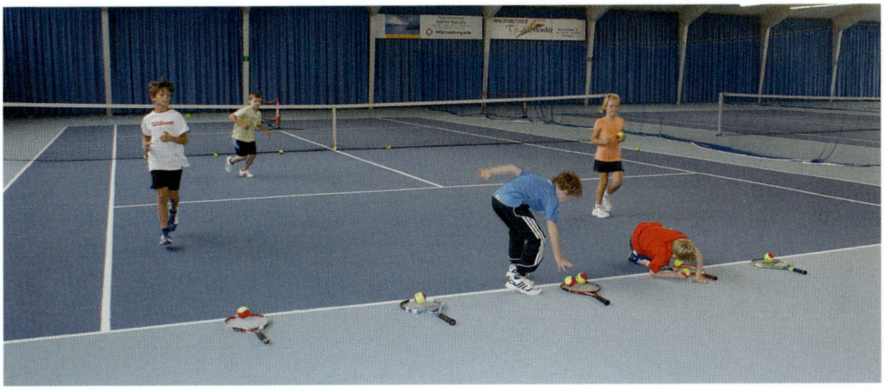

Tipp: Es sollte darauf geachtet werden, dass die TN zuerst die Bälle einsammeln, die ihnen am nächsten liegen, um Verletzungen zu vermeiden.

3.1.6 Spielen über das Tennisnetz

Die Schüler lernen das Medium Schläger kennen und sammeln erste Erfahrungen mit Hilfe von Geschicklichkeitsübungen.

Aufwärmung

Gewöhnungsübungen mit Schläger und Ball

Je ein Tennisschläger und ein Soft- oder Methodikball pro Spieler.

Durchführung: Die TN erhalten verschiedene Aufgaben, die sie lösen sollen:

» Den Ball auf dem Schlägerkopf rollen lassen, ohne dass er herunterfällt.
» Den Ball auf dem Schläger „tanzen“ lassen (ein kleines Stück in die Luft „schubsen“ und wieder zur Ruhe kommen lassen)
» Wer schafft es, den Ball sogar auf dem Schläger zu prellen?
» Die Schüler lassen den Ball mit der schwachen Hand fallen und fangen ihn nach einmaligem oder mehrmaligem Springen mit dem Schläger auf.

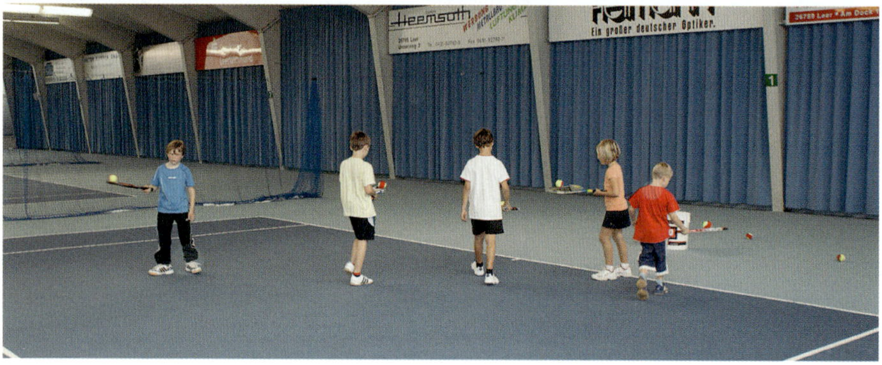

Transportstaffel

Je ein Tennisschläger und ein Ball pro Staffelgruppe.

Durchführung: Die Schüler werden in Gruppen eingeteilt und stellen sich an ihre Startmarkierung. Der erste Läufer der Gruppe hält den Schläger mit dem Ball darauf in den Händen und beginnt, auf Kommando in Richtung des Umkehrpunktes (durch Hütchen gekennzeichnet) zu laufen, ohne dass der Ball herunterfällt.

Sobald er wieder am Ausgangspunkt angekommen ist, gibt er den Schläger inklusive des Balles an den nächsten Läufer der Gruppe weiter und setzt sich ans Ende der Reihe. Welche Mannschaft ist als erste wieder komplett am Ausgangspunkt angekommen?

Tipps: Der Trainer sollte sich vorher überlegen, ob es Zusatzaufgaben für diejenigen geben soll, die den Ball verlieren.

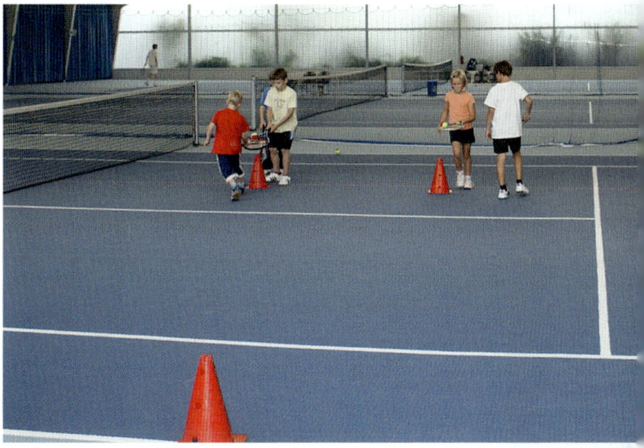

Variationen:

» Die TN müssen vorwärts zum Umkehrpunkt und rückwärts zurücklaufen.
» Sie müssen den Schläger in die schwache Hand nehmen.
» Sie laufen zu zweit und halten den Schläger gemeinsam fest.
» Es werden Zwischenstationen aufgestellt, die umrundet werden müssen.

Hauptteil

Balltransport mit Zielfeldschlag

Je 1 Tennisschläger pro TN und 1 Eimer mit Methodikbällen.

Durchführung: Die TN nehmen sich jeweils einen Ball aus dem Eimer, der an der Grundlinie abgestellt ist. Anschließend legen sie diesen – wie vorher geübt – auf ihren Schläger und transportieren ihn bis kurz vor das Netz. Dort lassen sie ihn vom Schläger fallen und schlagen ihn über das Netz.

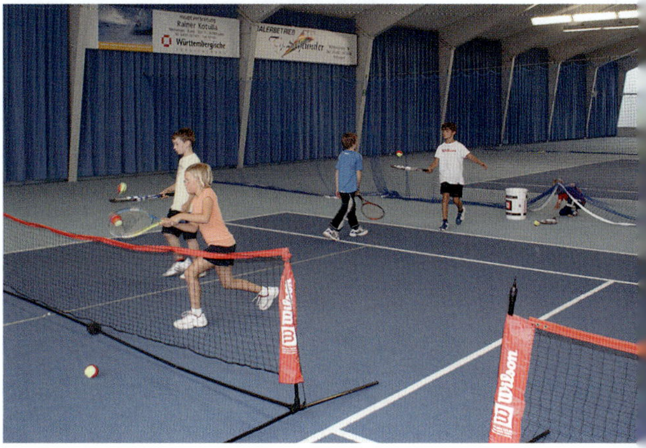

Tipp: Es sollte von Anfang an darauf geachtet werden, dass die Kinder die Bälle nicht wahllos durch die Halle schmettern, sondern die Bälle in Zielfelder spielen. Damit es nicht zu schwer wird, sind Angaben wie „Versucht die Bälle ins gegenüberliegende T-Feld zu spielen“ ausreichend. Später können die Felder dann nach und nach verkleinert werden.

Variationen:

- Die Schüler laufen zu zweit nach vorn. Der eine lässt den Ball von seinem Schläger fallen und der Partner schlägt ihn über das Netz.
- Der Ball muss auf andere Art und Weise zum Netz gebracht werden (z. B. prellend)
- Für Geübte: Ein Ball wird auf dem Schläger transportiert, ein zweiter am Fuß geführt.

Fliegenfangen

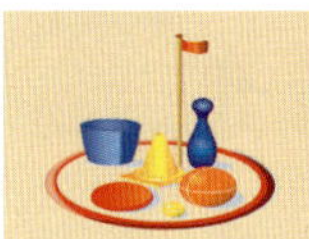	Siehe Übung zuvor.

Durchführung: Die Schüler stehen auf der, vom Trainer aus gesehen, gegenüberliegenden Seite des Netzes in der Mitte der T-Linie. Sie bekommen einen Ball zugeworfen, den sie mit dem Schläger so fangen sollen, dass er auf dem Schläger zum Liegen kommt. Anschließend lassen sie ihn in einen dafür bereitgestellten Balleimer rollen und stellen sich wieder an.

Wer den Ball nicht sofort fängt, soll diesen mit dem Schläger stoppen und per Hand darauf ablegen.

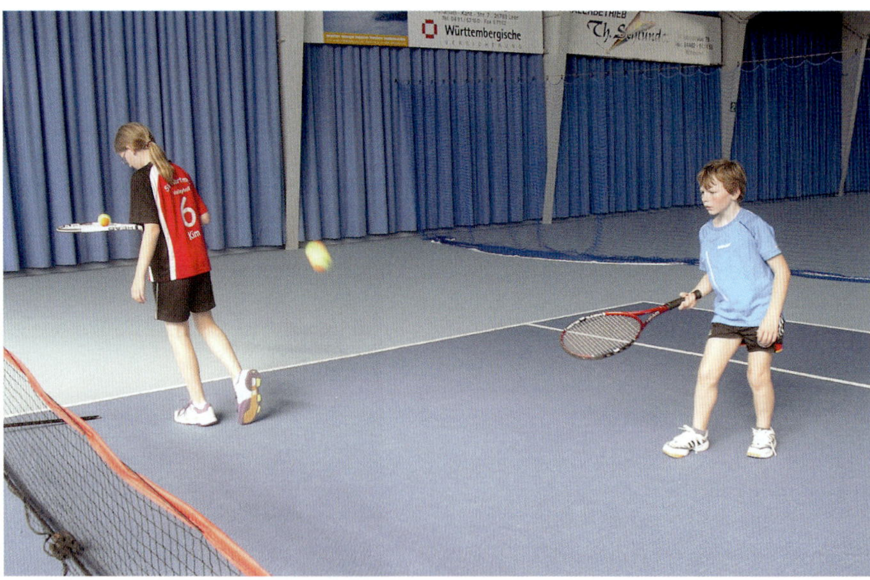

Variationen:

- Die Übung kann später auch zu zweit durchgeführt werden. Der Erfolg ist allerdings sehr stark von einem guten Zuwurf abhängig.
- Die Kinder sollen den Ball erst mit dem Schläger auffangen und anschließend über das Netz zum Trainer zurückschlagen.

Ball über das Netz

Siehe „Balltransport mit Zielfeldschlag“; zusätzlich 4 Pylonen für 2 Kinder.

Durchführung: Zwei Kinder der Gruppe stellen sich nebeneinander an der T-Linie auf. Jedes erhält im Wechsel mehrere zugeworfene Bälle, die es über das Netz spielen soll (in das T-Feld oder zum Trainer zurück).

Für die anderen TN werden mit den Pylonen zwei Tore aufgebaut, an denen sie selbständig „Zwergenhockey“ spielen können (siehe Seite 17). Nach ca. 3–4 Minuten wird gewechselt.

Tipp: Sollten nicht genügend Methodikbälle vorhanden sein, können ein bis zwei der TN auch als Sammeltruppe eingeteilt werden.

Abschluss

Minibrennball

Je 1 Tennisschläger pro Spieler und 1 Balleimer mit Methodik- oder Softbällen.

Durchführung: Die Kinder werden in 2 oder 3 Gruppen eingeteilt. Die erste Mannschaft stellt sich nebeneinander auf der gegenüberliegenden Seite des Trainers auf. Die Kinder erhalten zugeworfene Bälle, die sie über das Netz spielen sollen. Für jeden korrekt landenden Ball gibt es einen Punkt. Sobald ein Ball im Netz landet oder nicht getroffen wird, müssen sie mit einer anderen Mannschaft wechseln und das Feld verlassen. Welche Mannschaft hat am Ende die meisten Punkte?

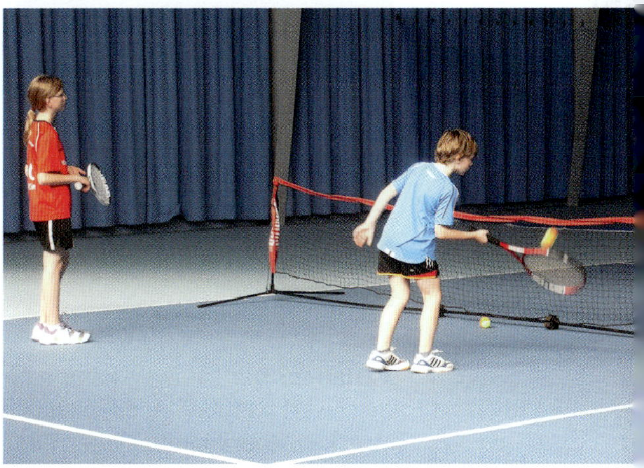

3.1.7 Erste Tennisspiele

Die TN sollen erste Spiele miteinander und gegeneinander kennenlernen und erproben.

Aufwärmung

Elfmeter

2 Pylonen als Torbegrenzung; pro TN 1 Tennisschläger und 1 Ball (Methodikball oder Softball).

Durchführung: An einer Hallenwand wird ein Tor aufgebaut. Einer der TN befindet sich als Torwart im Tor. Der Schläger darf zur Abwehr der Bälle Anwendung finden. Die weiteren Schüler stellen sich in einer Reihe hintereinander am Netz auf. Nacheinander bewegen sie sich in Richtung des Tores, wobei sie den Ball mit dem Schläger neben sich herrollen. Spätestens in Höhe der Grundlinie muss der Ball mit dem Schläger in Richtung des Tores „geschossen“ werden. Wer das Tor trifft, darf sich wieder hinten anstellen. Wer daneben schießt oder wessen Ball gehalten wird, muss den Torwart ablösen. Wer hat nach einer bestimmten Zeit die meisten Tore?

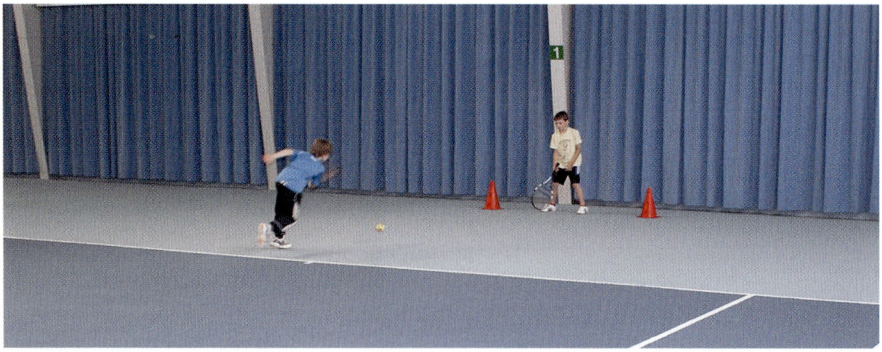

Variation: Der Laufweg kann sowohl auf dem Hin- als auch auf dem Rückweg erschwert werden, indem zusätzliche Hindernissen eingebaut werden (Slalomstrecken, Koordinationsleiter, ...).

Hauptteil

Fangen und Schlagen

1 Tennisschläger und 1 Softball pro Zweierteam.

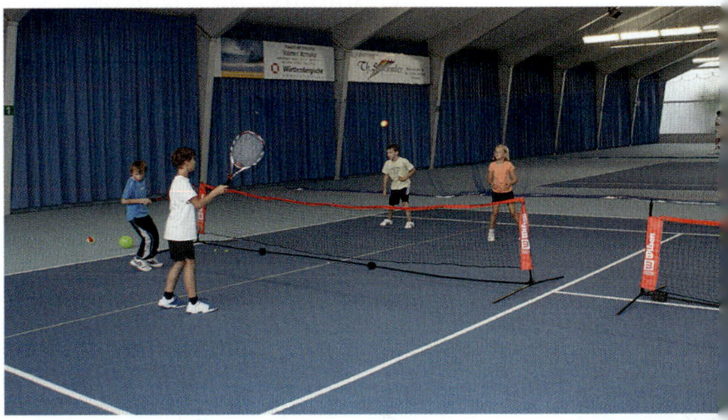

Durchführung: Die Partner stellen sich am Netz gegenüber auf. Spieler A hält den Schläger in der Hand, Spieler B hat den Ball. Auf Kommando wirft B den Ball zu A, dieser lässt den Ball einmal aufspringen und spielt ihn dann so über das Netz, dass B ihn wieder fangen kann. Das Team, das den Ball zuerst zehnmal wieder gefangen hat, hat gewonnen.

Variationen:
» Der Ball darf nur auf die VH-Seite oder die RH-Seite geworfen werden.
» Der Ball darf auf beide Seiten zugeworfen werden.
» Spieler B muss den Ball direkt fangen.
» Die Punktzahl wird je nach Können verändert.
» Das Spiel wird Crosscourt durchgeführt.

Tennis-Together

Je 1 Schläger pro Spieler und 1 Softball oder ein Methodikball pro Team.

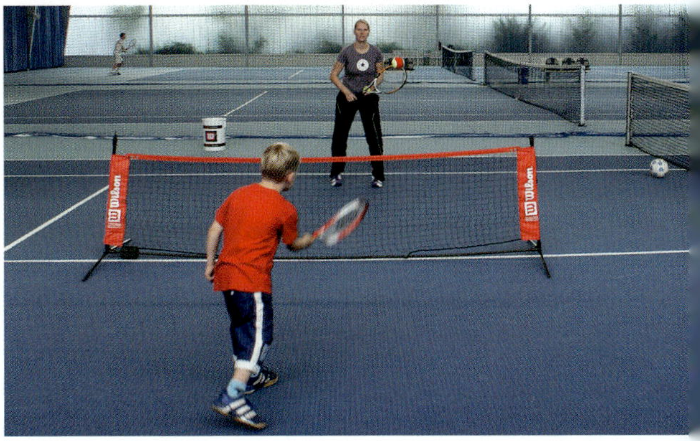

Durchführung: Spieler A und B stellen sich wieder gegenüber des Netzes auf. Ihre Aufgabe besteht darin, sich den Ball so oft wie möglich zuzuspielen, ohne Fehler zu machen. Sie dürfen den Ball so oft springen lassen, wie sie möchten.

Variationen:
» Die TN zählen ihre Ballwechsel. Wer hat den Ball (mit oder ohne Unterbrechung) als erstes 25 oder 50 Mal hin- und hergespielt?
» Der Ball darf maximal einmal aufspringen.
» Das Spiel wird Crosscourt durchgeführt.

Doppel ohne Aufschlag

Je 1 Tennisschläger pro Spieler und 1 Balleimer mit Methodikbällen; Kleinfeld oder T-Feld.

Durchführung: Die TN bilden Zweierteams und stehen auf ihrer Seite nebeneinander an der T-Linie oder Grundlinie des Kleinfeldes. Der Trainer spielt die TN nacheinander an. Diese spielen den Punkt im vorgegebenen Feld gegeneinander aus. Welches Team hat zuerst zwei Sätze bis 10, 15 oder 20 gewonnen?

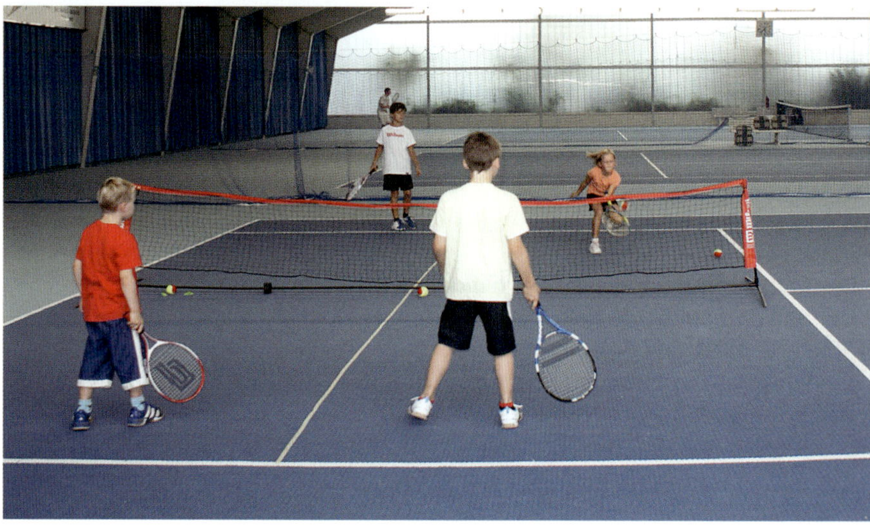

Abschluss

Kalifornischer Rundlauf

Siehe Spiel zuvor.

Durchführung: Ein Spieler steht auf der einen Seite des Feldes, die anderen TN auf der anderen Seite hintereinander. Der Trainer spielt dem ersten in der Reihe einen Ball zu. Dieser spielt den Punkt gegen den Einzelspieler aus. Gewinnt der Einzelspieler, bekommt er einen Punkt, bleibt auf seiner Seite und spielt gegen den nächsten aus der Reihe den Punkt aus. Gewinnt ein Teamspieler, darf er den Einzelspieler ablösen und Punkte sammeln. Der Wechsel muss allerdings schnell erfolgen. Meistens zählt der Trainer „1, 2, 3“ und spielt dann den Ball ein.

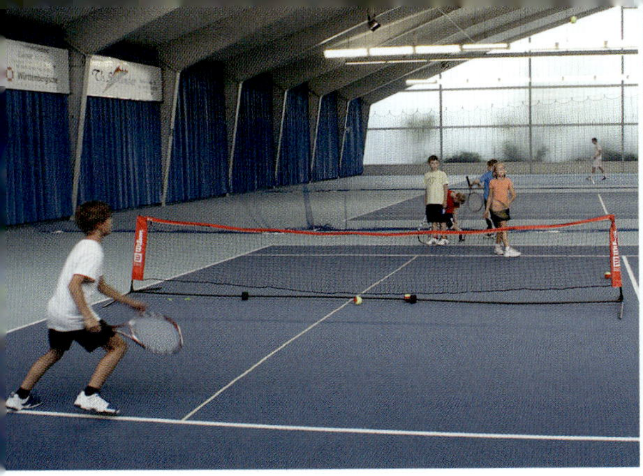

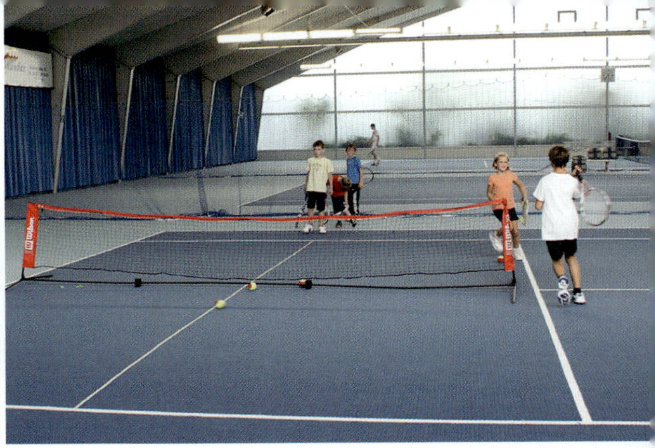

Variation: Bei großen Gruppen können immer 2 gegen 2 den Punkt ausspielen. So ist es problemlos möglich, den Kalifornischen Rundlauf mit bis zu 10 Spielern durchzuführen, ohne dass es langweilig wird.

Eigene Ideen und Kommentare:

3.2 Grundschläge

3.2.1 Vorhand-Einführung – Teil 1

Den TN werden treffpunktorientierte Erfahrungen nahegebracht, die das Schlagen und Spielen erleichtern sollen.

Aufwärmung

Koordinationsleiter-Läufe

Koordinationsleiter

Durchführung: Die TN laufen auf verschiedene Arten durch die Koordinationsleiter. Möglich sind:

» Einfachläufe (jeweils ein Schritt pro Stufe);
» Doppelläufe (jeweils beide Füße nacheinander in jedes Kästchen setzen);
» Dreifachläufe (rechts – links – rechts in jedes Kästchen oder umgekehrt);
» Sprünge (beidbeinig oder einbeinig; jedes Kästchen oder seitlich rein – raus);
» In and out (mit beiden Beinen in ein Feld springen, dann mit beiden Beinen nach außen neben das Feld hüpfen);
» Tcha-Tcha-Tcha (Links neben der Leiter starten, dann den rechten Fuß in das erste Feld setzen, den linken Fuß nachziehen und den rechten nach rechts außen neben das Feld setzen. Anschließend in die andere Richtung: Links in das Feld setzen, rechts nachziehen, links nach außen setzen. Die Übung so fortsetzen, bis die Leiter beendet ist.).

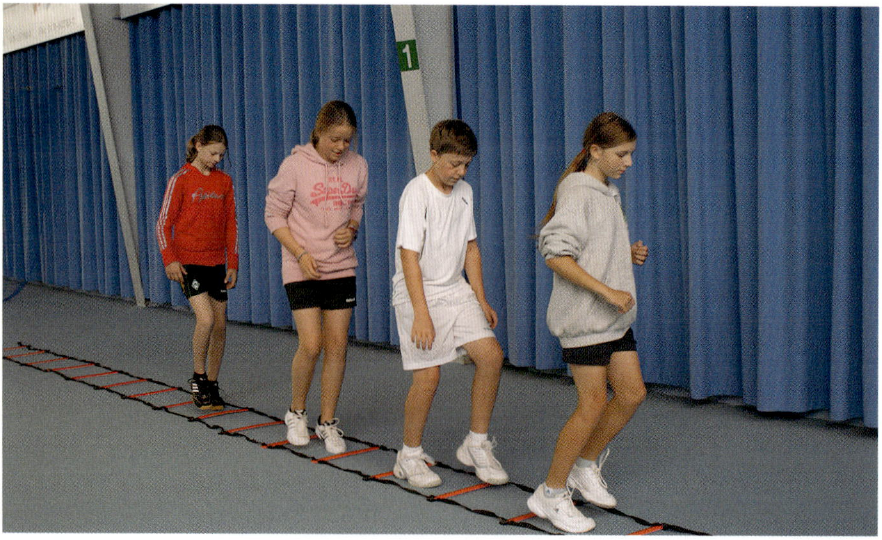

Im Doppelschritt durch die Leiter

» Seitwärts durch die Leiter laufen. Dabei immer das Bein, das der Leiter nahe ist, zuerst setzen und das andere nachziehen;
» Rückwärtsübungen (siehe oben: Einfachläufe, Doppelläufe, ...).

Hauptteil

Vorübungen: Treffpunkt finden

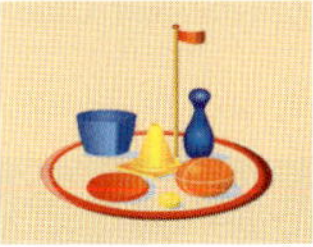

Keines

Durchführung: Die TN suchen sich einen Partner und stellen sich mit leichtem Seitenabstand gegenüber auf. Anschließend nimmt einer der beiden den Tennisschläger in die starke Hand und hält diesen treffpunktnah (also vor dem Körper, leicht seitlich) an die Hand des Partners. Nach Absprache wird der Gegendruck erhöht. Dabei soll ausprobiert werden, wo am meisten Druck aufgebaut werden kann.

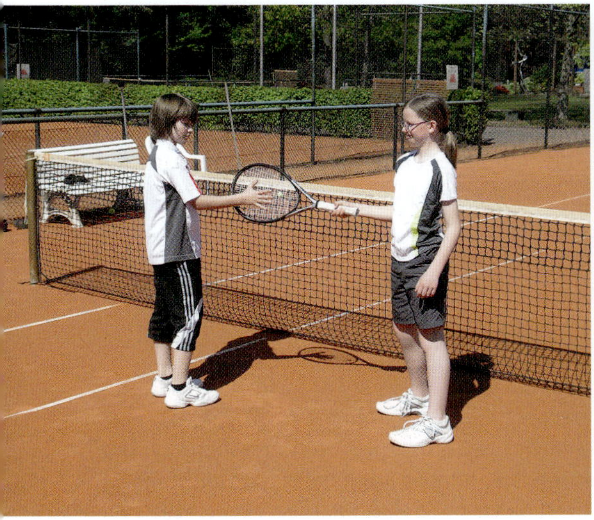

In dieser Position ist ein hoher Gegendruck möglich.

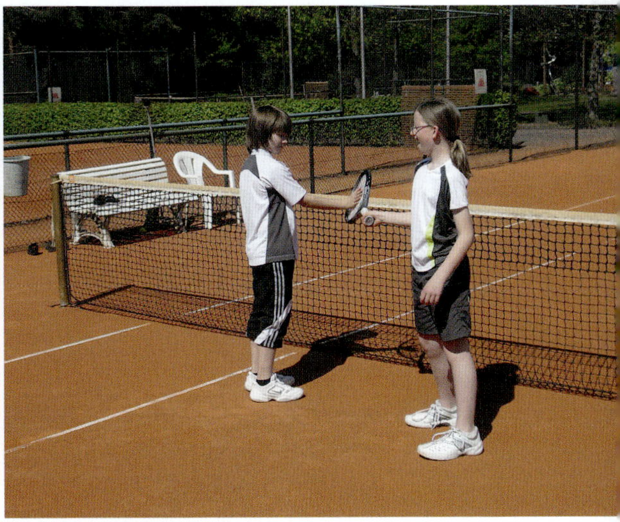

In dieser Position ist kaum Widerstand möglich.

Variation: Der Gegendruck kann auch gegen eine Wand erfolgen.

Tipp: Die TN nehmen dabei automatisch eine stabile Grundposition ein, um das Gleichgewicht halten zu können.

Tennisschläger

Durchführung: Jeder TN nimmt seinen Tennisschläger (am Schlägerherz) in die schwache Hand und hält diesen etwa in Bauchnabelhöhe vor seinen Körper (Rechtshänder auf die rechte Seite, Linkshänder auf die linke Seite). Die Schlägerfläche zeigt dabei gerade zum Netz. Dann soll der Schläger mit der starken Hand am Griff gefasst werden, sodass er mit leichter Rückneigung des Handgelenkes bequem gehalten werden kann.

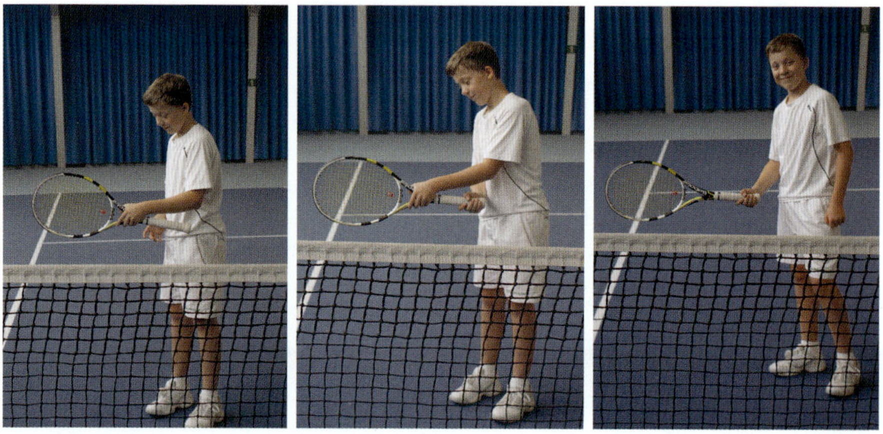

Variation: Diese Position mehrmals nacheinander einnehmen lassen, indem der Schläger zwischendurch wieder in die Ausgangsposition genommen oder auf den Boden gelegt werden muss.

Vorhand mit Partner

Durchführung: Die Partner stehen sich am Netz gegenüber. A wirft B den Ball vorsichtig von unten zu, B nimmt die vorher geübte Schlaghaltung ein und spielt den Ball so zu A zurück, dass dieser den Ball fangen kann. Anschließend nimmt B wieder die Ausgangsposition ein und wartet auf den nächsten Ball. Welches Team schafft als erstes 10 Wiederholungen, ohne dabei einen Fehler beim Schlagen oder Fangen zu machen?

Variationen:
» Die Übung kann auch erst ohne das Netz dazwischen durchgeführt werden.
» Die Richtungen können von Anfang an variiert werden, indem der Partner sich unterschiedliche Standorte sucht.

Tipp: Wenn die TN noch zu verkrampft sind, kann auf die leichte Pendelbewegung hingewiesen werden.

Vorhand auf Zuwurf

Material: Tennisbälle (je nach Alter angepasste Bälle); 2 Markierungshütchen; Tor oder weitere Hütchen zum Abstecken eines Zielbereiches.

Durchführung: TN A steht an dem Markierungshütchen, welches mittig, etwa einen halben Meter hinter der T-Linie, aufgestellt wird. Die übrigen TN warten etwa 2m dahinter. Der Trainer positioniert sich zunächst auf der gleichen Seite der TN auf der Mittellinie und wirft dem ersten Spieler einen Ball auf die VH-Seite. Spieler A erläuft diesen Ball, spielt ihn mit der Kernbewegung der VH entweder in das Tor, welches longline, kurz hinter dem Netz aufgestellt ist, oder auf die Longlineseite des T-Feldes. Nach dem Schlag begibt sich der Spieler mit Sidesteps zum Hütchen zurück, läuft von vorn um das Hütchen und bekommt einen zweiten Ball an der T-Linie. Anschließend erfolgt wieder die Laufbewegung um das Hütchen und Spieler A schlägt den dritten VH-Ball, der kürzer angeworfen wird, um die Vorwärts-Aufwärts-Bewegung zu fordern. Nach dem dritten Ball läuft der Spieler zwischen dem Trainer und dem Netz über die Mitte hinaus.

Je nach Anzahl der Bälle können die TN sich dann hinten in der Reihe anstellen oder zum Sammeln der Bälle aufgefordert werden.

Variation: Sowohl Richtung als auch Anzahl der Schläge können verändert werden. Beispielsweise können die Schläge cross oder abwechselnd cross und longline absolviert werden. Auch eine Ansage der Mitspieler kurz vor dem Schlag ist möglich.

Hinweis: Aufgrund der geringen Schlagdistanz ist eine Konzentration auf die Kernbewegung möglich. Diese wird in der folgenden Stunde durch Vergrößerung der Distanz ausgeweitet.

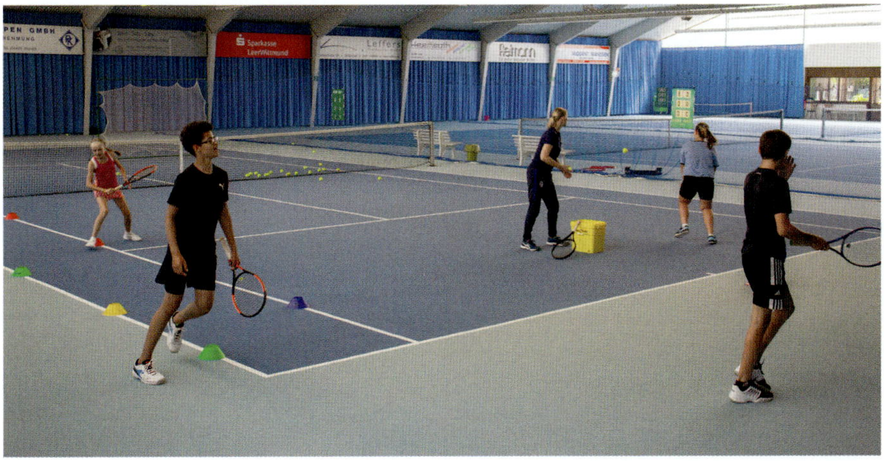

Tortreffer

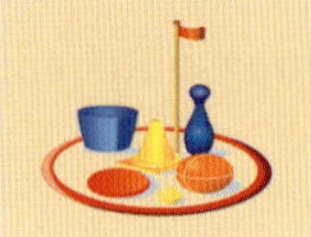

S. vorige Übung.

Durchführung: Das Hütchen wird nun etwas weiter auf die linke Seite (Rückhandseite) des T-Feldes gezogen, um den Laufweg etwas zu vergrößern. Dann bekommen die TN jeweils nur einen Ball auf die VH zugeworfen, mit dem sie das Tor treffen sollen (oder das entsprechende Zielfeld). Nach dem Schlag gehen sie im Sidestep, leicht vorwärts über die Mitte hinaus und stellen sich wieder an. Jeder Treffer bringt einen Punkt. Gewinner ist, wer zuerst eine bestimmte Trefferzahl erreicht hat.

Variationen:

» Das Spiel kann auch in Paaren zusammengespielt werden. Dann zählen die Treffer der Partner zusammen.

» Bei einem zweiten Durchgang kann auch derjenige Sieger sein, der zuerst seine Punktzahl aus dem ersten Versuch erreicht hat. Damit erhalten auch schwächere Spieler die Chance auf einen Erfolg.

Abschluss

VH-Partner-Duell

Durchführung: Die TN stehen sich auf halbem T-Feld gegenüber und spielen sich den Ball mit der VH zu. Dabei sollen sie zählen, wie oft sie es schaffen, ohne Fehler hin- und her zu spielen. Der Gewinner kann als Belohnung z. B. das Sammeln der Bälle erlassen bekommen oder auch das Abziehen des Platzes, um die Motivation zu erhöhen.

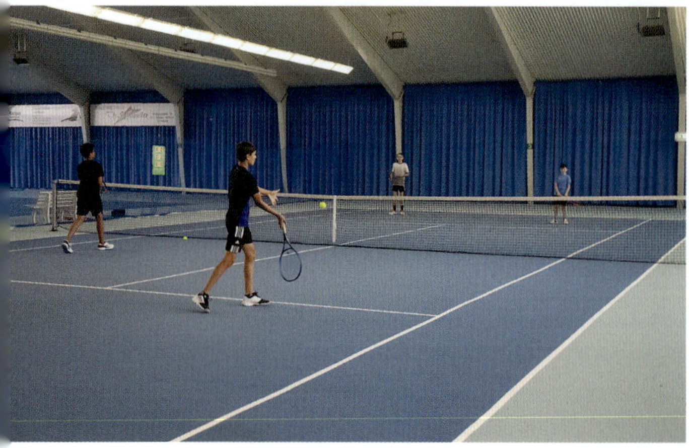

Variation: Sofern nur drei Spieler in der Gruppe sind, kann der Trainer einspringen. Er sollte aber mit der schwächeren Hand schlagen, um es den TN etwas zu erleichtern. Sind nur zwei Spieler anwesend, müssen sie eine bestimmte Anzahl in einer vorgegebenen Zeit erreichen.

3.2.2 Vorhand-Einführung – Teil 2

Aufwärmung

Warmlaufen mit Ballgewöhnungsübungen

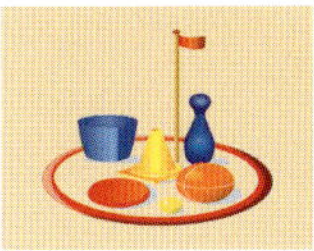

Je ein Schläger und ein Ball pro TN.

Durchführung: DDie TN bewegen sich mit unterschiedlich vorgegebenen Laufarten in einer Tennishälfte. Dabei legen sie den Ball auf den Schläger und absolvieren die Bewegungen, ohne dass der Ball vom Schläger fällt.

Variation: Die Übung kann auch als Fängerspiel durchgeführt werden. Dabei müssen die TN die Übungen in einem begrenzten Feld durchführen, während einer dabei versuchen muss, die anderen abzuticken.

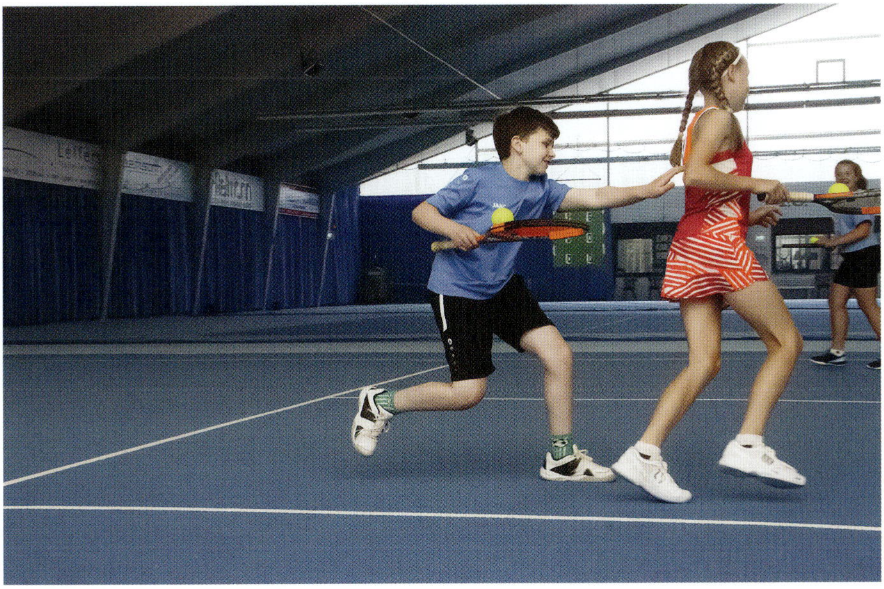

Hauptteil

Einspielen mit Kontrollschlägen

Tennisbälle (je nach Spielstärke); Markierungslinien.

Durchführung: Etwa 2 m hinter dem Netz wird parallel eine Linie mit Markierungsstreifen festgelegt (oder alternativ auf dem Außenplatz mit dem Besen gezogen). Zwei TN stehen sich am Netz gegenüber und spielen sich den Ball longline zu. Dabei müssen sie den Ball aber erst einmal vor sich selbst hochspielen, bevor er zum Partner geschlagen wird.

Tipp: Für diese Übung eignet sich der Continental-Griff (auch Mittel- oder Hammergriff) am besten. Dies sollte den TN frühzeitig erklärt und gezeigt werden, ebenso die Notwendigkeit, den Griff zu wechseln, sobald die VH aus größerer Distanz gespielt wird.

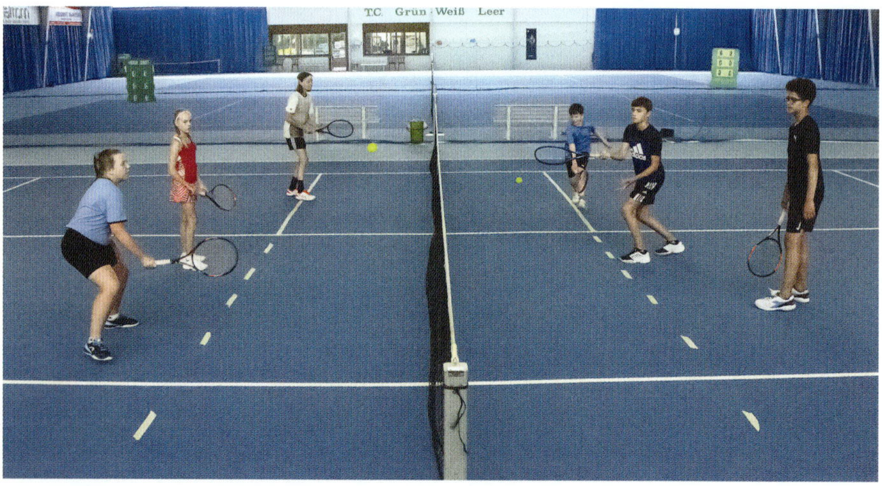

Einspielen ohne Kontrollschläge

Durchführung: Die Partner spielen sich den Ball zunächst im abgesteckten, kürzeren Feld direkt zu, wobei sie nach Möglichkeit VH-Schläge verwenden. Die Distanz wird dann nach und nach vergrößert, bis sie an der T-Linie angekommen sind. Dabei sollte noch einmal auf den oben bereits angesprochenen Griffwechsel hingewiesen werden (vom Continental- zum Eastern/Semiwestern-Griff).

Schattentennis

Tennisbälle, Schläger, Pylonen

Durchführung: Zwei TN sammeln die Bälle, zwei TN stehen hintereinander an der Grundlinie. Der Trainer steht vor den Spielern auf der gleichen Seite und wirft dem vorderen Spieler einen Ball auf die VH, den dieser über das Netz schlägt, anschließend läuft der Spieler um ein Markierungshütchen. Der Hintermann absolviert die gleichen Laufwege zur gleichen Zeit wie sein Vordermann, jedoch ohne einen Ball zu schlagen. Er simuliert nur die Bewegungen und spielt so den „Schatten“. Nach etwa 10 Bällen werden die Rollen getauscht.

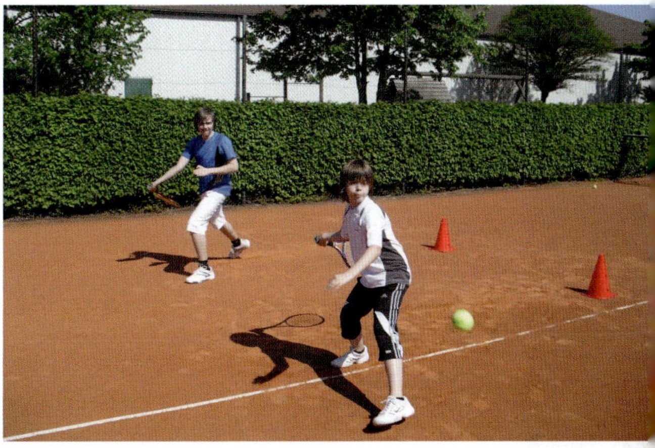

Techniktipp: Nach dem ersten Durchgang werden die Spieler zusammengerufen und befragt, was evtl. geändert werden muss, um den Ball über das Netz spielen zu können. Sie werden vermutlich gemerkt haben, dass dafür die Kernbewegung nicht mehr ausreicht und eine größere Ausholbewegung erfolgen muss. Diese kann dann folgendermaßen erklärt werden (die Erklärungen erfolgen für Rechtshänder, Linkshänder müssen diese gegengleich durchführen):

1. Der Spieler steht in der Bereitschaftsposition.
2. Die rechte Hand wird etwas nach hinten-rechts bewegt.
3. Mit der rechten Hand zieht er den Schläger nach hinten, sodass der Schlägerkopf noch über dem Ellbogen ist.
4. Der Ellbogen ist dabei etwas vom Körper entfernt, der Arm noch nicht gestreckt.
5. Dann wird der Arm nach hinten gestreckt.
6. Es folgt der Bogen nach unten zur Schleife und die Vorwärtsbewegung des Armes.
7. Der Treffpunkt befindet sich dann vor dem Körper mit leicht angewinkeltem Ellbogen und nach hinten gebeugtem Handgelenk.
8. Der Ausschwung erfolgt nach oben zur linken Schulter.

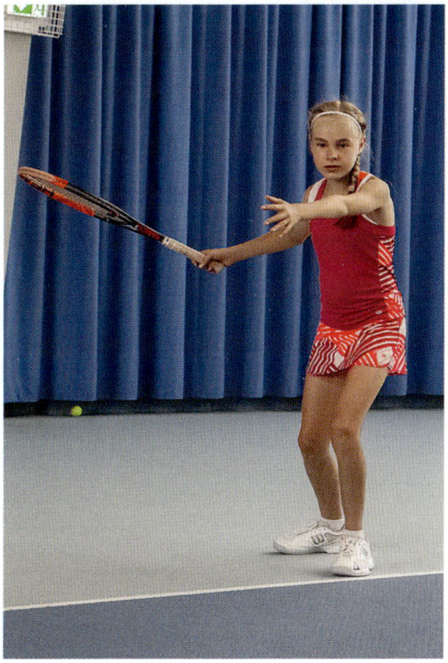

Die linke Hand kann den Schläger zu Beginn mit nach hinten drücken, muss dann aber vor dem Schlag wieder den Weg für den rechten Arm freimachen. Sie kann den Schläger an der linken Schulter auch auffangen. Mit dem Zurückziehen des Armes in Schritt 1 kann auch die seitliche Schrittstellung eingenommen werden.

Anschließend wird die Übung noch weiter fortgesetzt und die Bewegung gelernt und geübt.

Variation: Sobald die TN die Bewegung relativ gut beherrschen, kann der Trainer den Ball aus größerer Distanz zuwerfen oder ihn – als weitere Steigerung – von der anderen Seite zuspielen.

Tortreffer mit größerer Distanz

Im Folgenden wird noch einmal die Übung „Tortreffer“ (siehe Seite 44) aus der vorhergehenden Stunde wiederholt, allerdings wird auch hier die Entfernung zum Tor vergrößert, um die Ausholbewegung zu erzwingen. Dabei kann entweder das Tor weiter nach hinten gezogen werden oder die Spieler schlagen die Bälle von der Grundlinie. Die Entscheidung sollte nach dem Leistungsvermögen der Gruppe getroffen werden, um Erfolge zu ermöglichen.

Torwartspiel

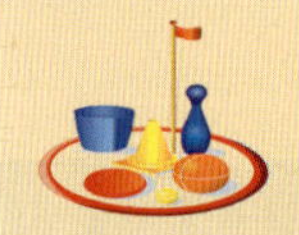

Schläger, ein Markierungshütchen und ein Tor.

Durchführung: Wie in dem vorherigen Spiel schlagen die TN abwechselnd je einen Ball in Richtung des Tores, allerdings wird dieses nun von einem Spieler bewacht. Der ausgewählte Torwart erfüllt seine Aufgabe so lange, bis ein Treffer ins Tor erzielt wird, dann wird er abgelöst.

Variationen:

» Das Spiel kann sowohl longline als auch cross durchgeführt werden.
» Sollte kein Tor vorhanden sein, kann die Aufgabe dahingehend verändert werden, dass die Spieler ein Zielfeld treffen müssen und der Torwart versuchen muss, den Ball zurückzuspielen. Schlägt er den Ball über das Netz, darf er auf der Seite bleiben.

Abschluss

VH-Match im T-Feld

Tennisbälle und Schläger.

Durchführung: Die TN spielen 1 gegen 1 auf halbem T-Feld den Punkt gegeneinander aus. Dabei darf nur VH gespielt werden. Anschließend spielen die beiden Gewinner und die beiden Verlierer gegeneinander um die Plätze.

Variation: Bei drei Spielern kann der Trainer auf der zweiten Hälfte mit Spieler Nr. 3 so lange Bälle hin und her schlagen, bis die beiden anderen fertig sind. Dann wird gewechselt, bis jeder gegen jeden gespielt hat.

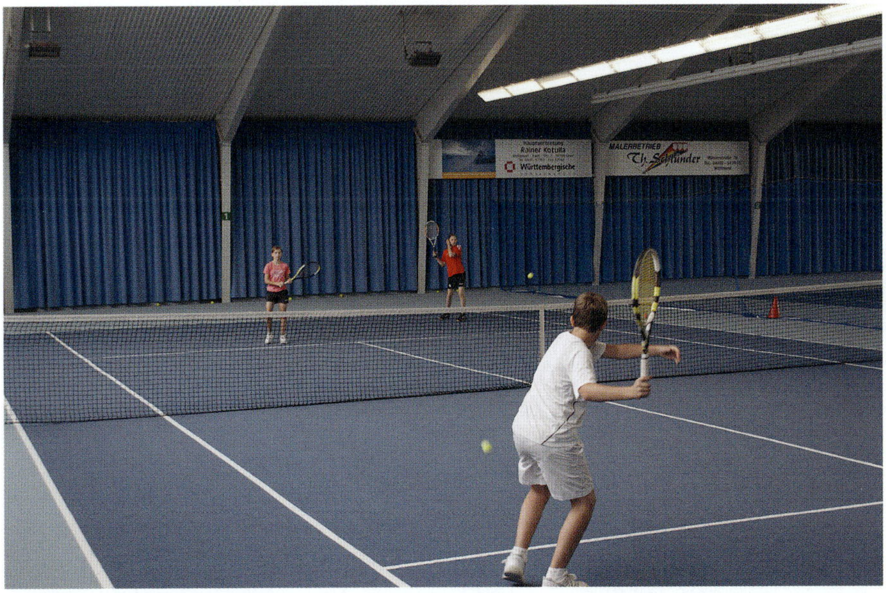

3.2.3 Vorhand für Fortgeschrittene

Die folgende Einheit zeigt Möglichkeiten auf, an verschiedenen technischen Aufgabenstellungen zu arbeiten und dabei die VH zu festigen.

Aufwärmung

Koordinationsleiter mit Zusatzaufgaben

Koordinationsleiter, Tennisschläger, Tennisbälle.

Durchführung: Die TN bewältigen die in 3.2.1 erläuterten Läufe durch die Leiter und sollen währenddessen:

» einen Ball auf dem Schläger transportieren, ohne dass dieser herunterfällt.
» einen Ball auf dem Schläger prellen.
» den Schläger während des Prellens drehen (von der VH- auf die RH-Seite und umgekehrt).
» einen Ball mit der Hand oder dem Schläger neben der Leiter auf den Boden prellen.

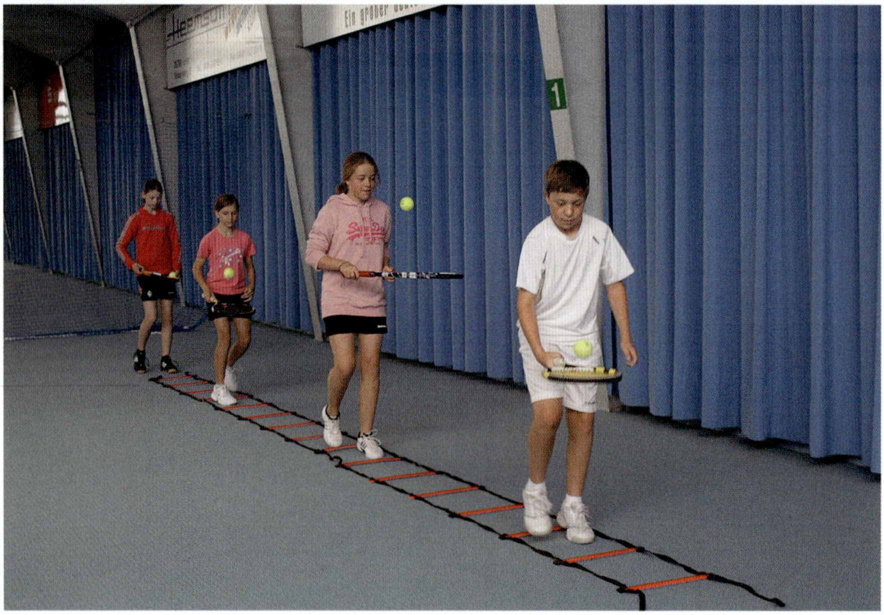

Einspielen

Kegel umrunden

Je 1 Kegel pro TN; Schläger und Tennisbälle.

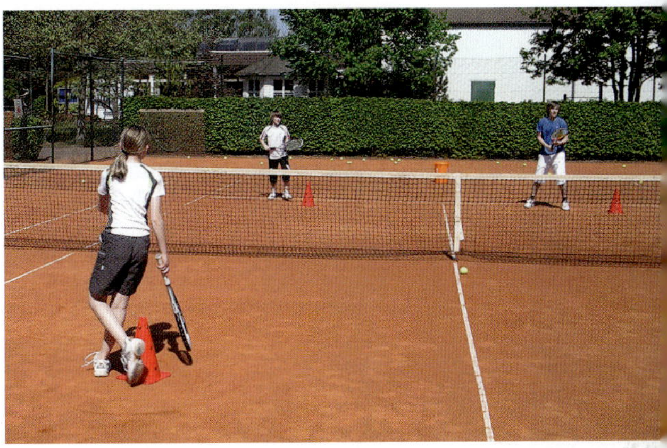

Durchführung: Die TN stehen sich im T-Feld einzeln gegenüber und spielen sich den Ball mit langsamer Geschwindigkeit zu. Auf halber Höhe zum Netz befindet sich auf jeder Spielhälfte ein Kegel, der nach jedem Schlag umrundet werden muss.

Variationen:
» Es darf nur VH oder RH gespielt werden.
» VH und RH müssen im Wechsel geschlagen werden.
» Der Kegel muss immer im Wechsel von rechts und links umrundet werden.

Tischtennisdoppel mit Zusatzaufgabe

2 Kegel, Tennisschläger und Bälle.

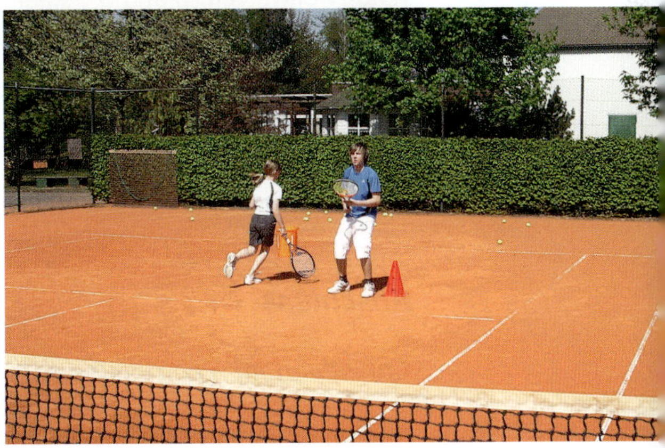

Durchführung: Auf einer Hälfte des T-Feldes werden 2:2 Punkte ausgespielt, wobei die Spieler auf einer Seite sich – wie beim Tischtennis – immer mit dem Schlagen abwechseln müssen. Nach jedem geschlagenen Ball laufen die Spieler um ihren Kegel, der jeweils einen Meter hinter der T-Linie steht.

Variationen:
» Gute Spieler können ruhig beide Hälften des T-Feldes als Spielfeld nutzen.
» Das Großfeld kann ebenfalls Verwendung finden.
» Wenn die TN sich auch noch einen Schläger teilen müssen, stellt dies eine weitere Steigerung dar.

Tipp: Sofern ein Spieler das Hütchen nicht umrundet hat, gibt es einen Punkt für den Gegner.

Hauptteil

VH-Training auf Zuwurf und aus dem Ballwechsel

Durchführung: Zunächst wird die Gruppe geteilt: Zwei Spieler schlagen lange Bälle auf dem halben Großfeld, wobei sie die Aufgabe haben, möglichst viele VH-Bälle zu schlagen.

Variationen:

» Sie sollen Punkte ausspielen, wobei keine (oder nur eine begrenzte Anzahl) RH-Bälle erlaubt sind.

» Die VH-Bälle sollen nur in den Doppel-Korridor geschlagen werden (bitte auf die Länge achten). Wer hat zuerst 15 Punkte?

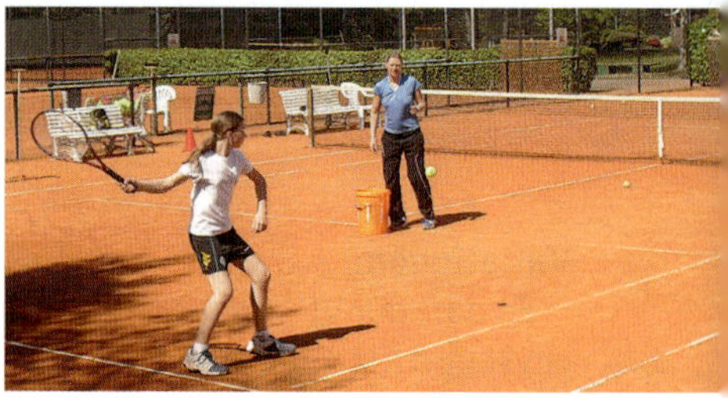

Die anderen beiden stehen auf einer VH-Seite des Platzes hintereinander und erhalten vom Trainer 3–5 zugeworfene Bälle, die sie longline zurück spielen müssen. Nach jedem Ball müssen sie einen Kegel, der dicht neben dem Mittelzeichen steht, umrunden.

Variationen:

» Es können verschiedene Technikschwerpunkte angesprochen werden wie Stellung zum Ball, Schwungschleife, Treffpunkt, Beinarbeit.

» Die Bälle werden in unterschiedlicher Länge und Geschwindigkeit zugeworfen.

Longlinewinner mit Vorgaben

Durchführung: Auf jeder Seite des Platzes stehen zwei Spieler A/B und C/D. Während zwei warten (B und D), spielen die anderen beiden Punkte aus (bis einer 3 hat). Sobald A oder C den Minisatz gewonnen hat, sind B und D an der Reihe. Folgende Bälle sind festgelegt:

» Der Trainer spielt A einen Ball auf die Vorhand.

» A schlägt Vorhand cross zurück.

» B spielt Vorhand longline.

» Dann darf der Punkt frei ausgespielt werden.

Abschluss

Crossduell mit Longlinerecht

Durchführung: A und D spielen mit der Vorhand ein Crossduell. A hat das Recht, den Ball longline zu spielen, sobald er dieses für sinnvoll hält. Anschließend wird der Punkt im kompletten Feld ausgespielt.

Tipps: Vorher sollte mit den Spielern besprochen werden, wann es sinnvoll ist, den Ball longline zu schlagen (wenn der Gegner kurz spielt, wenn man den Gegner weit hinausgetrieben hat).

3.2.4 Vorhand Inside-Out

Die Schüler lernen, ihre Stärken auf dem kompletten Spielfeld einzusetzen.

Vorbemerkung: Die nachstehenden Übungen und Spielformen sind für das Spiel im Großfeld beschrieben, können aber ebenso gut im Midcourt durchgeführt werden.

Aufwärmung

Sternlauf

10 Kegel und 10 Tennisbälle.

Vorbereitung: Auf jeder Seite des Platzes werden Kegel an folgende Positionen gestellt: an beide Ecken von Einzellinie und Grundlinie, Einzellinie und T-Linie und ein Kegel auf die Ecke von T-Linie und Mittellinie.

Durchführung Variante A (in lockerem Tempo):
Auf jeder Seite starten zwei Spieler nebeneinander an dem Mittelzeichen. Spieler A läuft zum rechten Kegel (Grundlinie) und B zum linken Kegel. Diese werden umrundet, anschließend treffen sie sich in der Mitte, klatschen sich ab und laufen dann zu den beiden vorderen Kegeln (T-Linie außen). Von dort geht es rückwärts zurück, sie klatschen sich wieder ab und laufen dann gemeinsam zu dem letzten Hütchen an der Mittellinie. Dieses wird ebenfalls umrundet, sodass A jetzt auf der linken Seite und B auf der rechten Seite steht. Sobald sie wieder am Startpunkt angekommen sind, laufen sie den Parcours zur anderen Seite ab.

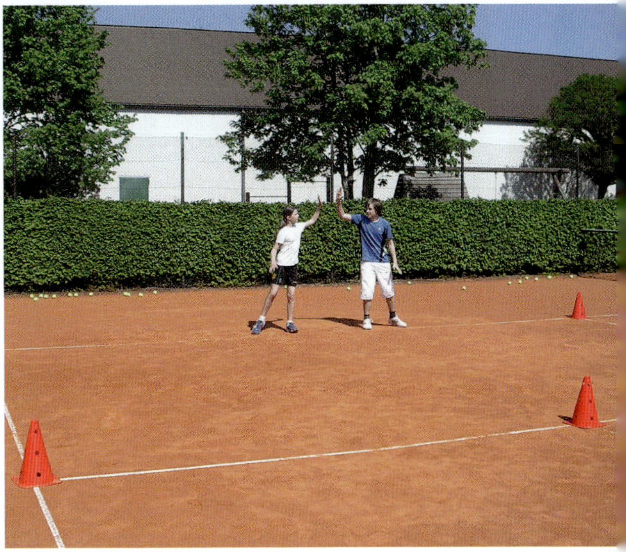

Durchführung Variante B (in schnellem Tempo):
Jeder läuft einzeln den Parcours ab, wobei die Reihenfolge, welches Hütchen zuerst und welches zuletzt angelaufen wird, freigestellt ist.

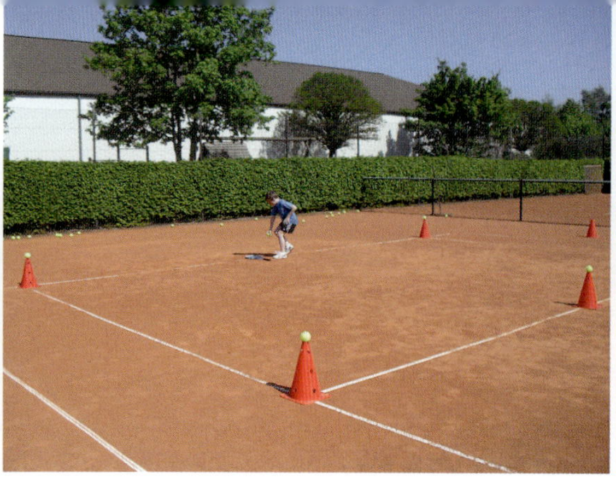

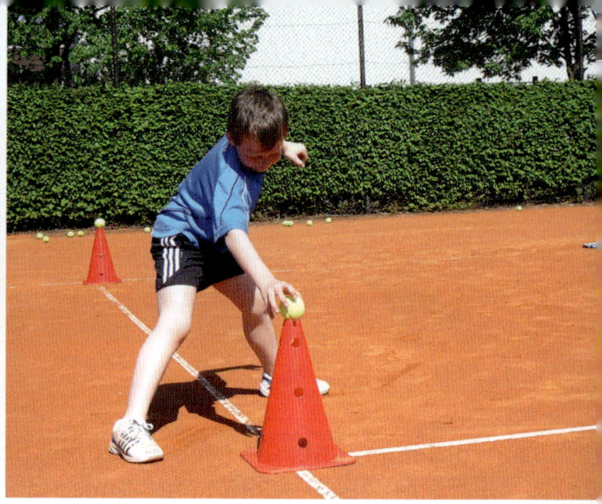

Hauptteil

VH-Inside-Out mit Trainerzuspiel

Durchführung: Die Spieler starten am Mittelzeichen der Grundlinie und erhalten vom Trainer jeweils zwei zugespielte Bälle:
A: Vorhand (wird cross gespielt)
B: Vorhand von der Rückhandseite (Inside Out; wird cross auf die RH-Seite des Gegners gespielt)

Im Anschluss an den zweiten Ball berühren sie einmal die T-Linie auf der RH-Seite des Feldes, um die Vorwärtsbewegung nach dem Schlag zu unterstützen, und stellen sich dann wieder in der Reihe an.

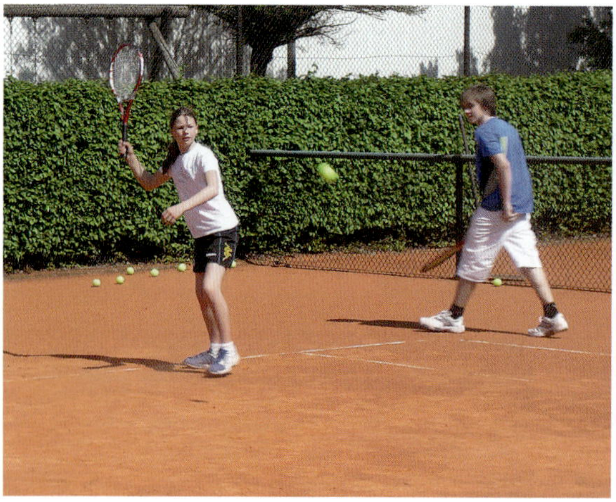

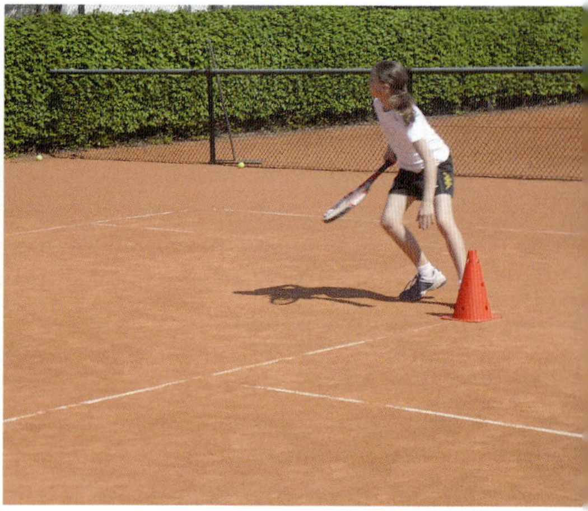

Variationen:
» Bei kleineren Gruppen kann die Anzahl der Schläge pro Durchgang gesteigert werden.
» Die Übung kann auch als Stationstraining durchgeführt werden, indem ein Spieler mehrere Bälle nacheinander erhält, während die anderen koordinative oder konditionelle Übungen an der Seite absolvieren.

Inside-Out auf einer Platzhälfte

Durchführung: Spieler A und B zählen auf der VH-Seite gegeneinander Punkte aus. Es kann variiert werden, ob RH-Bälle erlaubt werden oder nicht.

Teilnehmer C und D stehen sich auf der RH-Seite gegenüber. Der Trainer spielt C, der am Mittelzeichen startet, einen Ball auf die RH-Seite an, den dieser mit einem VH-Inside-Out zu D schlagen soll. Anschließend wird der Punkt auf der RH-Hälfte ausgespielt.

Variation: Bei den Spielern C und D kann als zusätzlicher Anreiz, den Ball mit einem VH-Inside-Out zu schlagen, eine doppelte Punktwertung für jeden mit VH erzielten Punktgewinn eingeführt werden.

Abschluss

Inside-Out im kompletten Feld

Durchführung: Spieler A und B stehen sich an der Grundlinie gegenüber. A erhält vom Trainer einen Ball auf die RH-Seite, den er mit einem VH-Inside-Out beantworten soll. Anschließend wird der Punkt im kompletten Feld ausgespielt. Es folgen Spieler C und D.

Variation: A spielt den ersten Ball von der VH-Seite cross zurück, B schlägt VH longline, A versucht, diesen zu umlaufen und ihn mit einem Inside-Out-Ball zurückzuspielen. Erst dann wird der Punkt ausgespielt.

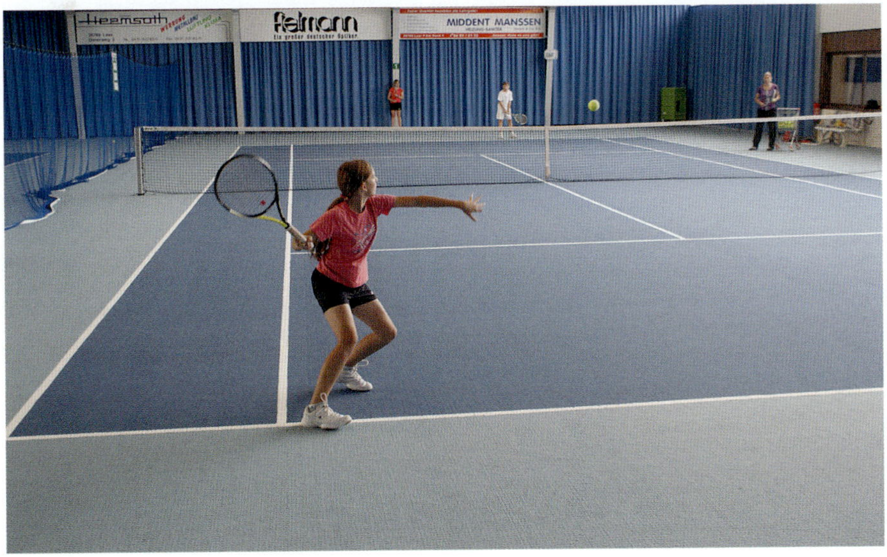

3.2.5 Rückhand für Einsteiger – Teil 1

Die TN erfahren die Bedeutung der schwächeren Hand bei der beidhändigen Rückhand und sammeln erste Schlagerfahrungen mit der beidhändig gespielten Rückhand.

Aufwärmung

„Bälle sammeln“

1 Eimer mit ca. 30 Tennisbällen.

Durchführung: Der Balleimer wird zwischen T- und Grundlinie einer Platzhälfte aufgestellt. Spieler A steht daneben und beginnt auf das Startkommando hin, alle Bälle so schnell wie möglich aus dem Eimer zu nehmen und auf der Platzhälfte zu verteilen (rollend). Die übrigen TN müssen so schnell wie möglich versuchen, die Bälle wieder zum Eimer zurückzubringen. Schafft es Spieler A, den Eimer leer zu räumen, hat er gewonnen.

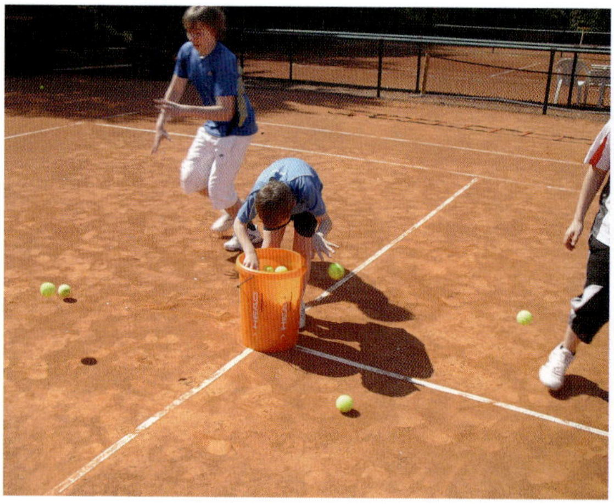

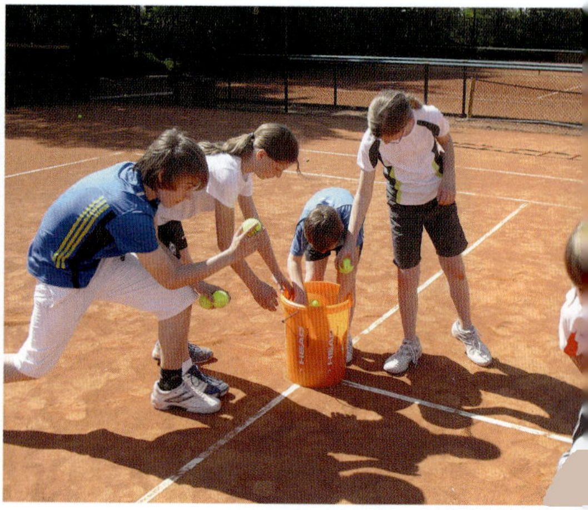

Variationen:

- » Jeder ist für eine bestimmte Zeit der „Ballverteiler“. Nach dieser Zeit wird gezählt, wie viele Bälle im Feld liegen. Sieger ist derjenige, der die meisten Bälle ins Feld rollen konnte.
- » Das Spiel kann auch auf dem kompletten Platz gespielt werden, indem zwei gleich große Teams gebildet werden (2:2 oder 3:3), die versuchen müssen, so viele Bälle wie möglich auf die Seite der Gegner zu werfen. Nach einer bestimmten Zeit (Achtung! Nicht zu lange! 30 bis 60 Sekunden.) wird abgepfiffen und die Bälle auf beiden Platzhälften werden gezählt.

Hauptteil

Vorübungen mit der schwachen Hand

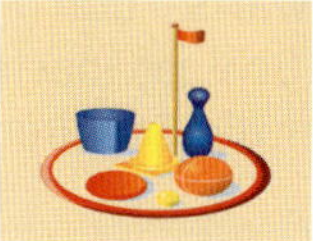

1 Tennisschläger und 1 größerer Ball pro Paar.

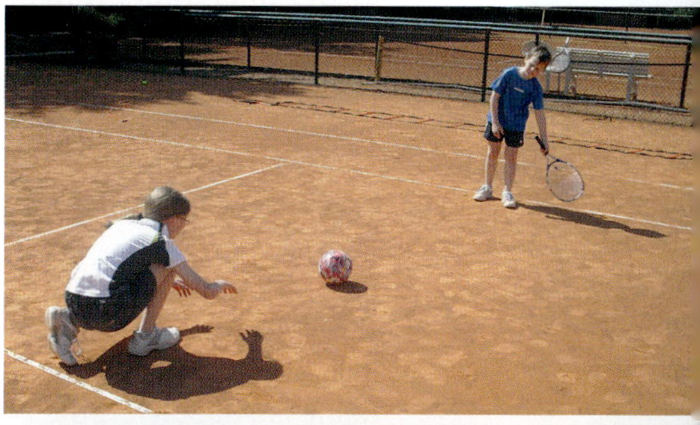

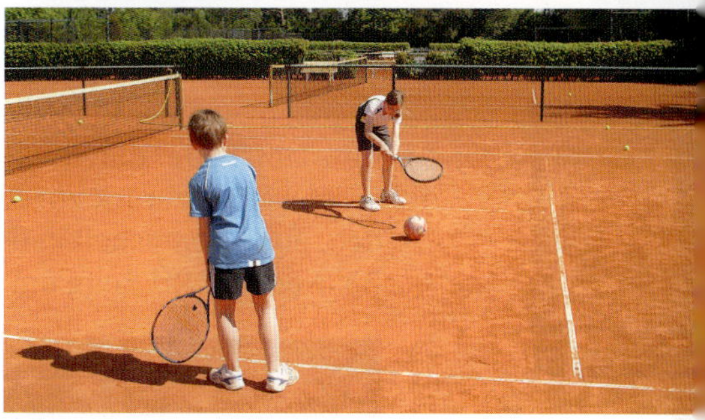

Durchführung: Spieler A startet am Mittelzeichen, Spieler B steht ihm im Abstand von etwa 3 m gegenüber und rollt ihm einen Ball abwechselnd auf die VH- und RH-Seite zu. A rollt den Ball mit Hilfe seines Tennisschlägers zurück, verwendet aber auf der VH-Seite nur die rechte Hand und auf der RH-Seite nur die linke Hand zum Schlagen.

Variationen:
» Wechselt man zu einem Methodikball, kann dieser nun auch von beiden TN mit einem Schläger hin und her gespielt werden. Es sollte jedoch darauf geachtet werden, dass der Ball weiterhin am Boden bleibt.
» Auf der RH-Seite werden nun beide Hände an den Schläger genommen.

Griffhaltung ableiten

Durchführung: Die TN haben durch das Zurollen des Balles schon etwas ausprobieren können, wie sie den Schläger halten müssen, um den Ball auf der linken Seite zu schlagen. Als Ergebnis sollte festgehalten werden, dass der Griff im Vergleich zum VH-Schlag gewechselt werden muss. Wenn man den Schläger (mit der linken Hand) gerade vor sich hält, sodass die Schlägerkante nach oben zeigt, sollte der Fingerknöchel des Zeigefingers der rechten Hand entweder auf der rechten oberen Kante des Schlägers oder auf der oberen Kante liegen (Continentalgriff oder Semicontinentalgriff). Die linke Hand greift von der Seite zu (Easterngriff), sodass sie an die rechte Hand angrenzt.

RH auf Zuwurf

Hinweis: Bei dieser Übung sollen die TN sich wieder auf die Kernbewegung konzentrieren. Diese erfolgt folgendermaßen:
1. Die TN stellen sich seitlich (rechten Fuß nach vorn, linken dahinter) auf.
2. Der Schläger wird auf Hüfthöhe leicht nach hinten gezogen (mit leichter Schleife oder gerade).

3. Hinter dem Rücken erfolgt eine kleine Schleifenbewegung (Absenken des Handgelenks), sodass der Schläger anschließend in einer Vorwärtsbewegung gegen den Ball gebracht werden kann.
4. Der Ausschwung sollte zur rechten Schulter– also vorwärts-aufwärts – durchgeführt werden, wobei der Ellbogen des linken Arms am Schluss nach vorn und leicht oben zeigt und der Schläger idealerweise über die Schulter gebracht wird.
5. Der Oberkörper wird dabei leicht mitgedreht.

Erst wenn die Schüler diese Bewegung recht zuverlässig ausführen, können sie aus der Bereitschaftsposition starten:

6. Die rechte Schulter wird dann nach links gedreht, sodass der Schläger automatisch mit nach hinten genommen wird.
7. Dabei verändern sie ihre Stellung so, dass sie bei Punkt 1 beginnen können.

Durchführung: Die TN stehen zunächst in einer Reihe mittig hinter der T-Linie. Der Trainer steht neben dem ersten Spieler und wirft diesem 4–6 Bälle an, die dieser mit der Kernbewegung über das Netz schlägt. Der Spieler, der als nächstes an der Reihe ist, absolviert die Bewegung ohne Ball mit.

Sobald ein TN seine Bälle geschlagen hat, können verschiedene Zusatzaufgaben gegeben werden. Beispielsweise können die TN einen vorgegebenen Weg zum Netz laufen, der durch Hütchen markiert ist und dann durch eine Koordinationsleiter wieder zurück zur Ausgangsposition. Sie können auch aufgefordert werden, einen Tennisball in der Tasche mitzunehmen, den sie im Anschluss an ihre Bälle auf der RH-Seite um einen Hütchenslalom rollen müssen.

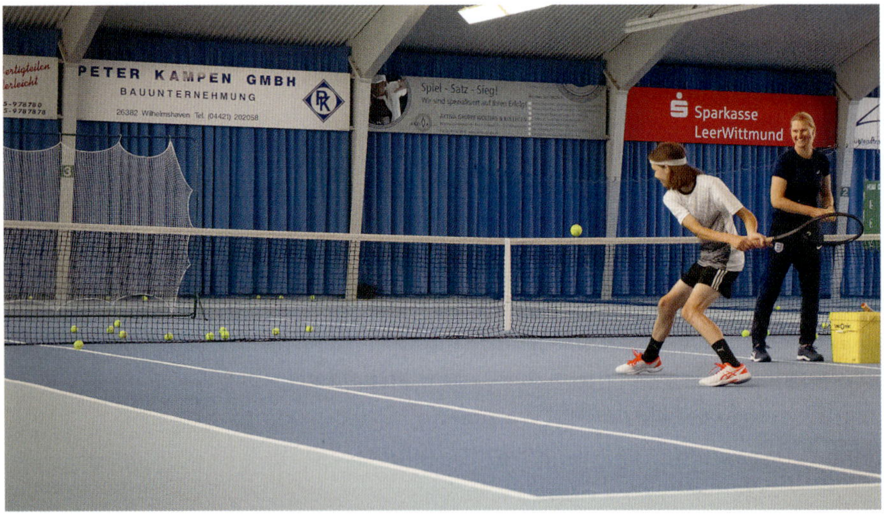

Variationen:

» Die Übung wird durch die Hinzunahme des Starts aus der Bereitschaftsposition erschwert.
» Auch eine Vergrößerung des Abstands der Trainerposition sorgt für eine Steigerung des Schwierigkeitsgrades.
» Zudem können die TN die Übung von der Grundlinie aus durchführen.

Rückhand auf Zielfelder

Durchführung: Die 4 TN stehen alle 4 auf einer Seite des Platzes, A und B sind hintereinander auf der VH-Seite (an der Einzelaußenlinie), C und D befinden sich hintereinander auf der RH-Seite (dicht neben der Mittelmarkierung).
Der Trainer spielt nun folgende Bälle an:
langen Ball auf A,
langen Ball auf C,
kurzen Ball auf A,
kurzen Ball auf C.

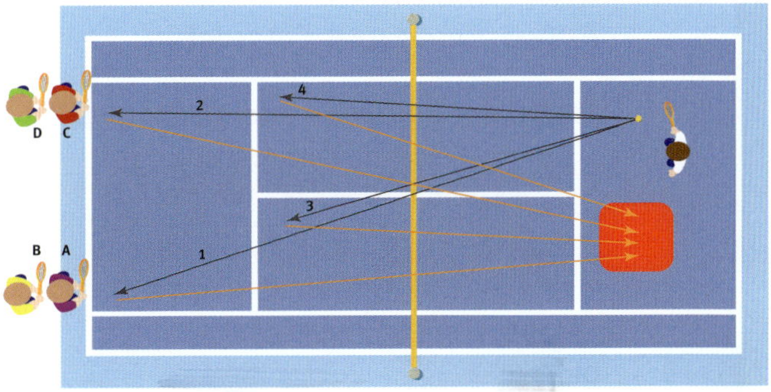

Während A und C sich wieder anstellen, erhalten B und D die Bälle in der gleichen Reihenfolge. Alle Bälle werden mit der beidhändigen Rückhand geschlagen. Alle TN zielen auf die Flächen, die auf der gegenüberliegenden Rückhandseite abgesteckt sind.

Variationen:

» Nach Beendigung der beiden Schläge laufen die Spieler zur anderen Spielerreihe und stellen sich dort an, sodass sie abwechselnd RH cross und RH longline schlagen.

» Sofern die Wartezeiten zu lang sein sollten, können Zusatzaufgaben wie Netzberührung, Laufen durch die Koordinationsleiter oder Ähnliches eingeschoben werden.

Abschluss

RH-Cross-Starter

Durchführung: Die TN bilden zwei Teams und stellen sich hintereinander an der entsprechenden Feldmarkierung (T-Feld oder Midcourt) auf. Der erste TN von Team A erhält vom Trainer einen Ball auf die RH-Seite zugespielt. Dieser wird cross geschlagen und anschließend wird der Punkt ausgespielt. Es folgen die beiden nächsten Spieler.

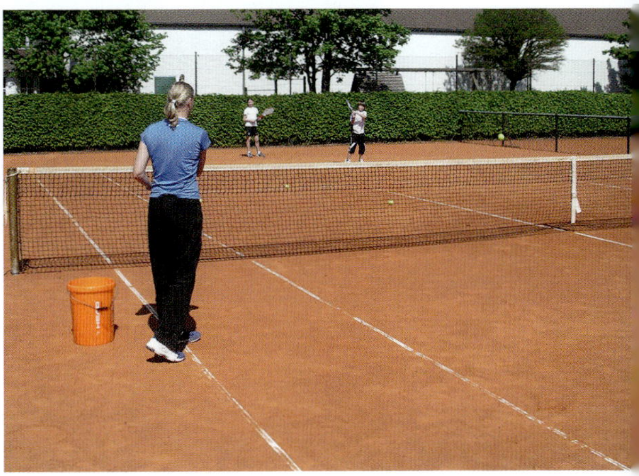

Variation: Um das Spiel zu vereinfachen, kann auch nur das halbe T-Feld als Spielfeld genommen werden. Der erste Ball wird dann longline, nicht cross, gespielt.

3.2.6 Rückhand für Einsteiger – Teil 2

Nachdem die grundlegenden Technikaspekte in der ersten Stunde angesprochen und getestet wurden, erfolgt in dieser Stunde eine weitere Übung und Festigung der RH-Technik, sodass die TN am Ende schon einfache Übungen und Spiele mit- und gegeneinander durchführen können.

Aufwärmung und Einspielen

Staffel mit Ballrollen oder Balltransport

Mehrere Markierungshütchen, 2 Tennisschläger, 2 Tennisbälle.

Durchführung:

a) Es werden zwei Slalomstrecken mit den Hütchen abgesteckt. Dann bilden die TN zwei Teams und stellen sich hintereinander an ihrer Strecke auf. Um zunächst etwas warm zu werden, sollen sie den Ball auf verschiedene Arten mit dem Schläger durch den Parcours rollen (z.B. nur mit der rechten Hand den Schläger fassen oder nur mit der linken; Schläger mit beiden Händen fassen, der Ball darf nur von einer Seite gerollt werden etc.)

b) Sobald die TN sich etwas aufgewärmt haben, erfolgt die Übung gegeneinander. Dabei rollt Partner A den Ball je nach Vorgabe durch den Parcours und übergibt Schläger und Ball an den Partner, sobald er wieder am Ausgangspunkt angekommen ist. Dabei sollte mindestens einmal die Vorgabe gegeben werden, dass der Ball auf der RH-Seite mit beiden Händen am Schläger gerollt werden muss.

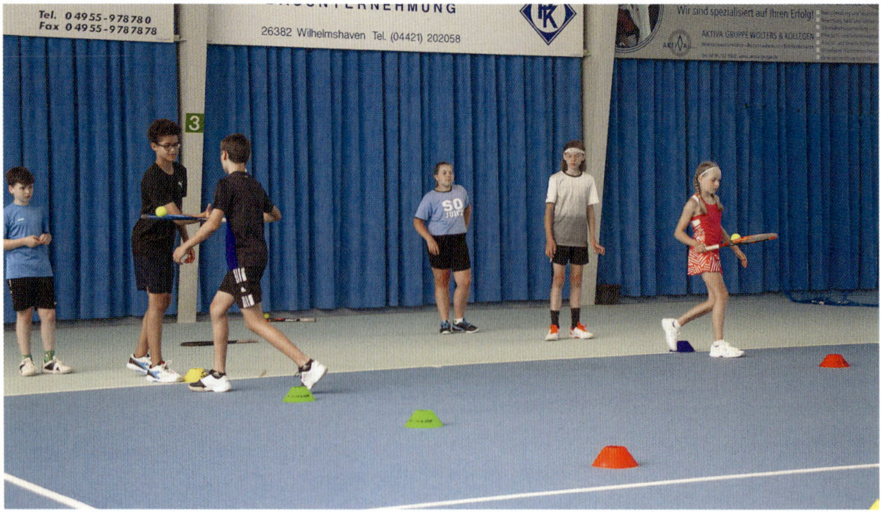

Variation:

» Das Spiel kann auch als Biathlon ausgebaut werden, indem am Ende z. B. ein Torschuss auf ein Hockey- oder Hütchentor absolviert wird. Dann ist allerdings jeder Schüler auf sich allein gestellt und erhält z. B. drei Stapel mit je 4 Bällen. Die TN starten dann alle gleichzeitig mit ihrem ersten Ball und laufen durch ihren eigenen Slalomparcours, um danach auf das Tor zu schießen. Dann laufen sie zurück und absolvieren dies mit Ball Nr. 2, bis der erste Stapel Bälle verbraucht ist. Je nachdem, wie viele Tortreffer nicht erfolgreich waren, müssen nun von jedem Spieler kleine „Strafrunden" gelaufen werden, z. B. um zwei Hütchen, die etwa 6–8 m auseinanderstehen. Danach muss jeder TN eine Runde um den Platz laufen, bevor der zweite Stapel mit Bällen an der Reihe ist. Wer ist am Ende als Erster fertig?

» Weitere Alternativen wären, den Ball auf dem Schläger zu transportieren, ohne dass dieser herunterfällt, oder ihn zu prellen.

Hauptteil

Rückhand auf Partnerzuwurf

1 Tennisschläger pro Paar und mehrere Bälle (je nach Trainingsgrad).

Durchführung: Die Partner stehen sich am Netz gegenüber. Partner A wirft Partner B den Ball von unten so zu, dass der Ball vor diesem aufspringt. B schlägt den Ball mit der RH so zurück, dass A den Ball fangen kann. Nach ein paar Minuten werden die Rollen gewechselt.

Variation: Um den Griffwechsel zu thematisieren, kann der Ball zwischendurch auch auf die VH geworfen werden.

RH-Ralley

S. vorige Übung.

Durchführung: Die Partner stehen sich im kleinen Feld gegenüber und spielen sich den Ball vorsichtig zu. Dabei sollen sie so oft wie möglich die RH verwenden. Nach einer kurzen Einspielzeit sollen sie zählen, wie oft sie den Ball hin- und herschlagen können, ohne einen Fehler zu machen. VH-Bälle werden dabei nicht mitgezählt.

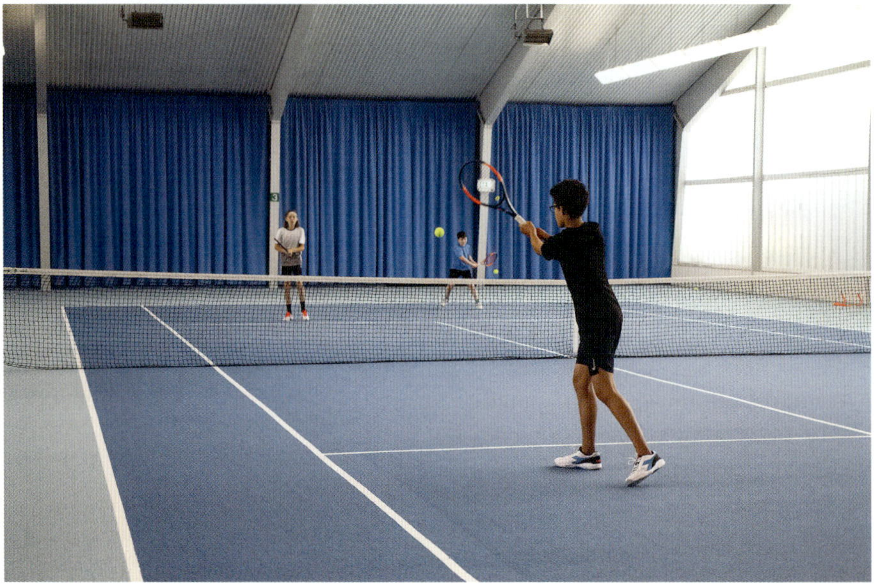

Variation: Es können auch Vorgaben gegeben werden (z. B. 10 oder 20 Bälle) oder die TN müssen bis 30 (40 oder 50) zählen, wobei sie auch bei einem Fehler weiterzählen dürfen. Allerdings müssen sie dann von der bisherigen Punktzahl zwei Punkte abziehen.

RH aus dem Laufen und aus verschiedenen Positionen

Durchführung: Die TN starten aus der VH-Ecke (je nach Leistungsstand von der Grundlinie oder der Grundlinie des Midcourts). Sie schlagen einen RH-Ball in der Mitte des Feldes, einen auf der RH-Seite und einen etwas weiter vorn auf der RH-Seite des T-Feldes. Anschließend laufen sie schräg nach vorn zum Netz, berühren dies auf der VH-Seite und stellen sich wieder an.

Variationen:

» Wenn dies schon gut klappt, werden Zielfelder abgesteckt, die von den TN getroffen werden müssen.

» Der dritte Ball kann auch auf die VH gespielt werden, um erneut den Griffwechsel zu trainieren.

Abschluss

RH-Cross Punktekönig

Durchführung: (im T-Feld, Midcourt oder Großfeld, je nach Leistungsstand): Es stehen drei TN auf einer Seite des Netzes und ein Spieler auf der anderen Seite. Nun spielt der Trainer dem ersten der drei einen Ball auf die RH. Dieser muss RH-cross geschlagen werden. Schafft der TN dies, hat er schon einen Punkt für sein Team erzielt. Der Einzelspieler spielt den Ball RH-cross zurück. Erreicht er dies, hat er ausgeglichen. Anschließend wird der Ball im T-Feld ausgespielt. Dafür erhält der Sieger einen weiteren Punkt. Jeder Spieler ist einmal allein auf der Seite. Die Punkte können bis 10, 15 oder 21 gespielt werden.

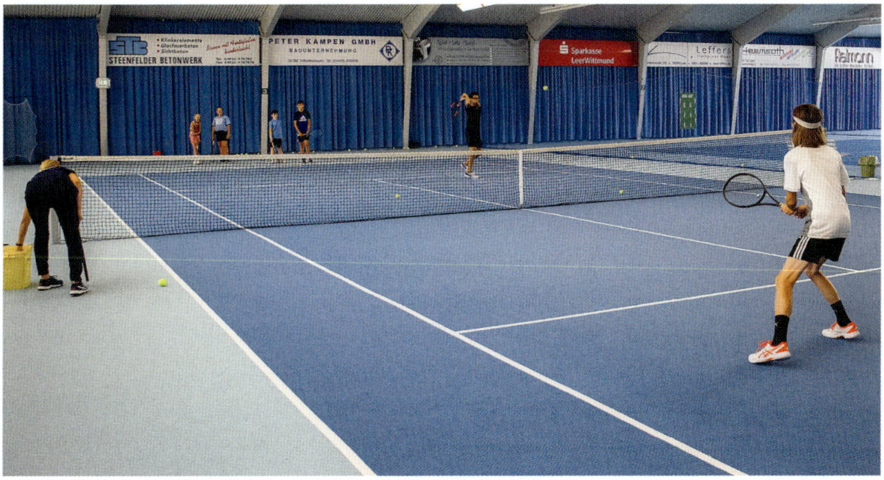

3.2.7 Kombiniertes Vorhand- und Rückhandtraining für Einsteiger

Die TN festigen ihre Grundschlagtechniken in verschiedenen Situationen.

Aufwärmung und Einspielen

Fang den Tennisball

2 Tennisbälle; Markierungslinien, falls in der Halle gespielt wird.

Durchführung: Das T-Feld wird parallel zum Netz mit Markierungslinien (draußen auch einfach mit einem Strich) in zwei Hälften geteilt (vorn und hinten). Jeweils 2 TN stellen sich auf einer Hälfte des T-Feldes hinter der markierten Linie gegenüber auf. Ziel des Spiels ist es, den Ball so in das gegnerische Feld zu werfen, dass dieser nicht vom Gegner gefangen werden kann, bevor er zum zweiten Mal aufspringt. Für jeden Fehler des Gegners gibt es einen Punkt.

Weitere Regeln:
» Der Ball muss von unten geworfen werden.
» Es ist erlaubt, ihn direkt aus der Luft zu fangen.
» Geworfen wird immer von dem Punkt, von dem auch gefangen wurde.
» Als Punktverlust zählt auch das Fallenlassen des Balles nach dem Fangen.

Variationen:
» Als Spielfeld kann auch nur der hintere Teil des markierten Feldes genommen werden.
» Jeder TN spielt einmal gegen jeden.

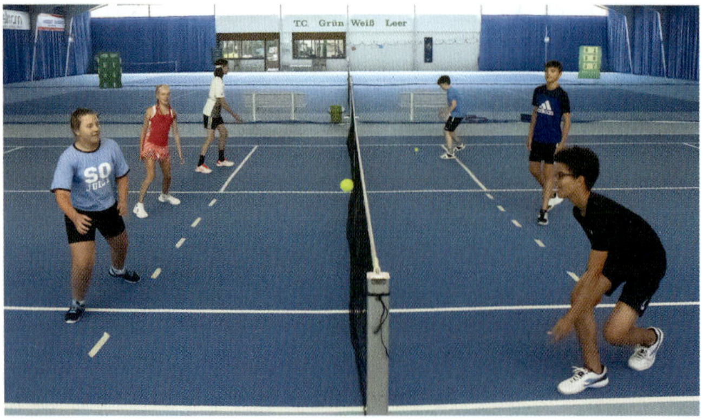

Hauptteil

Partnertraining im T-Feld

1 Tennisschläger pro Paar; mehrere Bälle (Art je nach Leistungsstand); Markierungslinien (falls in der Halle gespielt wird).

Durchführung: Die Felder und Partner des Aufwärmspiels bleiben bestehen. Einer der Partner ist im Besitz des Schlägers, der andere übernimmt die Rolle des Trainers und wirft den Ball immer in folgender Reihenfolge zu:

1. VH im vorderen Bereich des abgegrenzten Feldes (dicht hinter dem Netz)
2. VH im hinteren Bereich des abgegrenzten Feldes
3. RH im vorderen Feld
4. RH im hinteren Feld

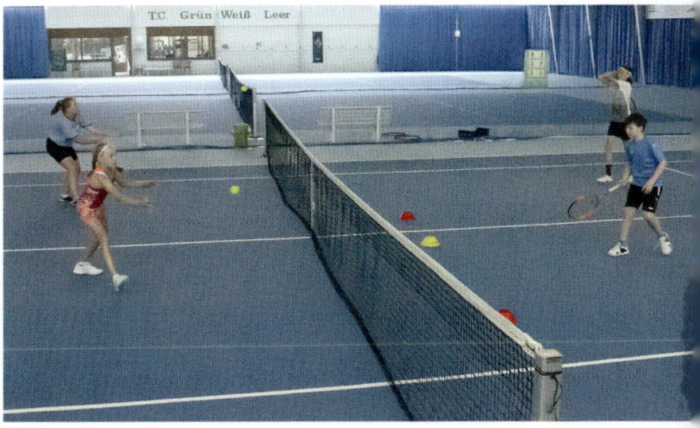

Der Ball soll zum Partner zurückgespielt werden, damit dieser ihn fangen kann. Nach etwa 20 Bällen werden die Rollen gewechselt. Es sollen dabei die erlernten VH- und RH-Techniken zum Einsatz kommen.

Variationen:

» Der Zuwurf kann auch ohne eine festgelegte Reihenfolge stattfinden, um den Schwierigkeitsgrad noch weiter zu erhöhen.

» Weiterhin kann die Notwendigkeit des Griffwechsels bei der VH thematisiert werden, indem die Partner den Ball extrem kurz und flach anwerfen. In diesem Fall ist es zumeist notwendig, zum Continental-Griff zu wechseln, um den Ball über das Netz heben zu können.

» Sind die Spieler schon weiter fortgeschritten, kann die Übung natürlich auch in ein größeres Feld – weiter vom Netz entfernt – verlagert werden.

VH- und RH-Variationen trainieren

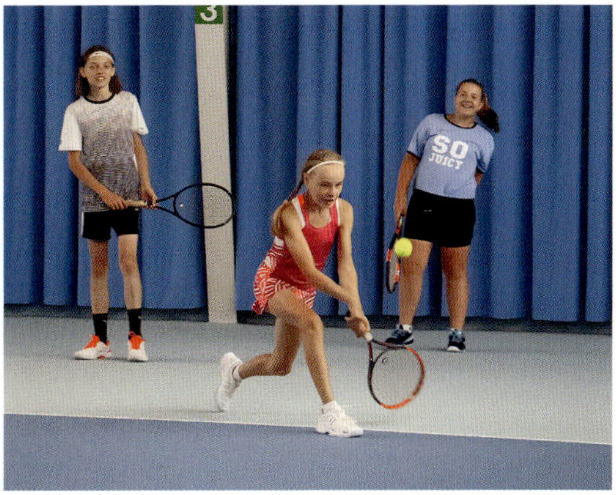

Durchführung: Die Spieler stehen hintereinander an der Grundlinie (Großfeld oder Midcourt). Der Trainer befindet sich auf der Seite der TN und spielt dem ersten Schüler 4–6 Bälle im Wechsel auf VH und RH zu, wobei Höhe und Länge der Bälle variieren sollen. Die hohen Bälle können dabei so angespielt werden, dass der Ball zunächst vom Trainer direkt von oben nach unten auf den Boden geschlagen wird. Anschließend stellen sich die TN wieder hinten an.

Variationen:

» Die Bälle können auf Zielfelder geschlagen werden (longline, cross, kurz, lang).

» Der Trainer spielt die Bälle aus größerer Distanz aus zu.

Orientierung auf dem Platz in Verbindung mit VH- und RH-Schlägen

Durchführung: Zwei TN stehen nebeneinander an der T-Linie. Sie erhalten nun Bälle ins Doppelfeld zugespielt, die sie mit VH und RH zurückspielen sollen (weitere Techniken sind nicht erlaubt). Dabei müssen sie sich vor, zurück und auch seitwärts bewegen und sich dabei noch absprechen, wer welchen Ball schlägt und wohin der Partner sich dann bewegen muss, um das Feld abzudecken. Nach ca. 10–15 Bällen wird gewechselt.

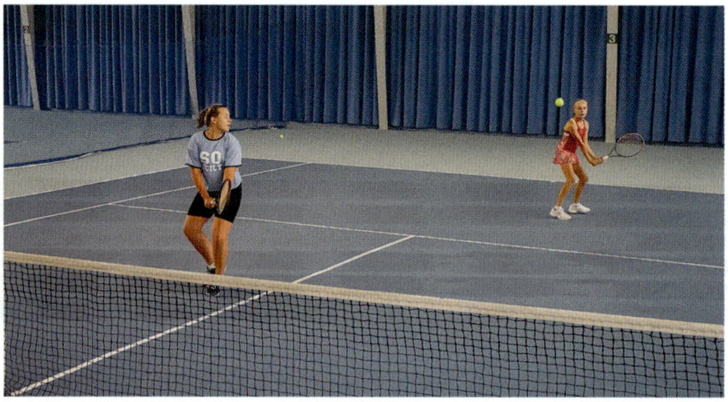

Variation: Um den Wettkampfcharakter verstärkt in den Blick zu nehmen, können zwischen den Teams auch Punkte gezählt werden (Beispiel: Wer spielt pro Durchgang die meisten Bälle ins Feld, wer erzielt als Erstes eine bestimmte Anzahl an Treffern in ein vorgegebenes Zielfelder, ...).

Hinweis: Diese Übung ist eine gute Vorübung für das Abschlussspiel „Alles ist erlaubt".

Abschluss

Alles ist erlaubt

Durchführung: Die TN bilden zwei Teams und stellen sich jeweils nebeneinander auf ihrer Seite an der T-Linie auf. Der Trainer steht vorn direkt neben dem Netz, sodass er den Ball auf beide Seiten schlagen kann. Die Teams werden nun im Wechsel angespielt, wobei der Ball überall hin gespielt werden darf (lang, kurz, hoch, flach). Die Teampartner einigen sich jeweils, wer den Ball annimmt und wer sich wohin bewegt und spielen gegen das andere Team den Punkt aus. Der nächste Ball wird zügig nach dem Absolvieren des vorhergehenden Punktes ins Spiel gebracht. Da das Spiel recht anstrengend für die TN ist, sollten mehrere kürzere Sätze bis 10 gespielt werden.

3.2.8 Volleyeinführung

Die Schüler sollen am Ende der Einheit in der Lage sein, Bälle aus der Luft anzunehmen und im T-Feld zu platzieren.

Aufwärmung

Torwartspiel

Tennisbälle und Hallenwand oder Ballwand.

Durchführung: Die TN suchen sich einen Partner. Spieler A stellt sich im Abstand von ca. 2 m mit dem Gesicht zur Hallenwand auf. Spieler B steht etwa einen Meter hinter Spieler A, das Gesicht ebenfalls zur Hallenwand gerichtet. Spieler B erhält dann die Aufgabe, Tennisbälle an die Hallenwand zu werfen, die A fangen soll, bevor sie den Boden berühren.

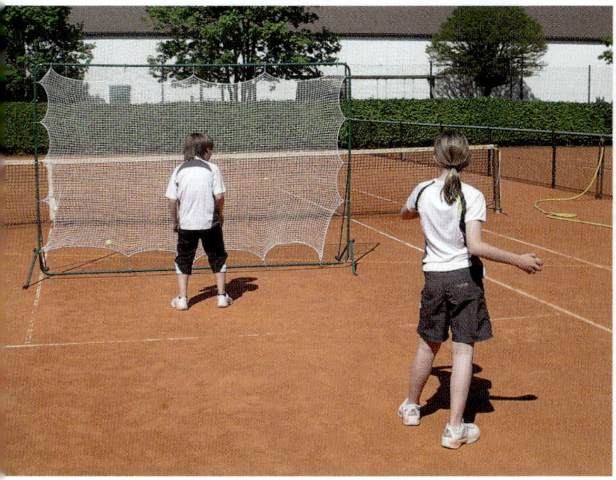

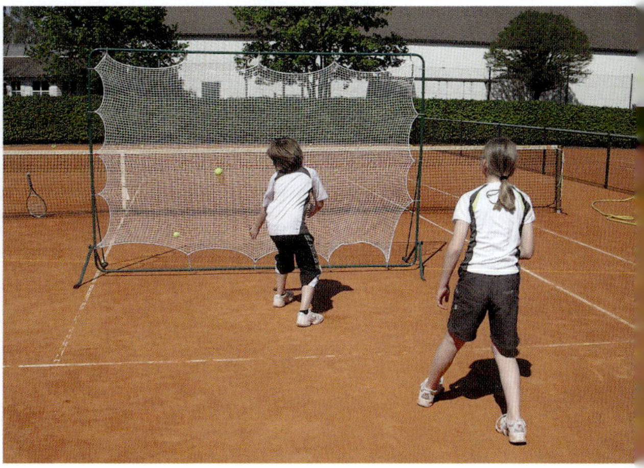

Tipps: Besonders zu achten ist hierbei auf die Bereitschaftsposition von Spieler A, die dieser einnehmen muss, um den Ball gut erreichen zu können.

Variationen:

» Der Schwierigkeitsgrad kann zum einen durch die Vergrößerung der Entfernung von B, zum anderen durch die Geschwindigkeit der aufeinander folgenden Bälle erhöht werden.

» Um die Werfer zu erreichbaren Würfen zu zwingen, bietet sich ein Wettkampf zwischen zwei Teams an. Dabei arbeiten A und B zusammen und versuchen, so schnell wie möglich 20 Bälle ohne Bodenkontakt zu fangen.

Handtennis

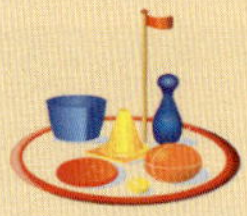	Methodikbälle

Durchführung: Die TN stehen sich zu zweit am Netz gegenüber. A wirft B Methodikbälle zu, die B mit der Hand so abblocken soll, dass sie über das Netz fliegen und vor A wieder aufspringen. Auf der RH-Seite sollen die TN die Bälle mit dem Handrücken, auf der VH-Seite mit der Handinnenfläche zurückschlagen.

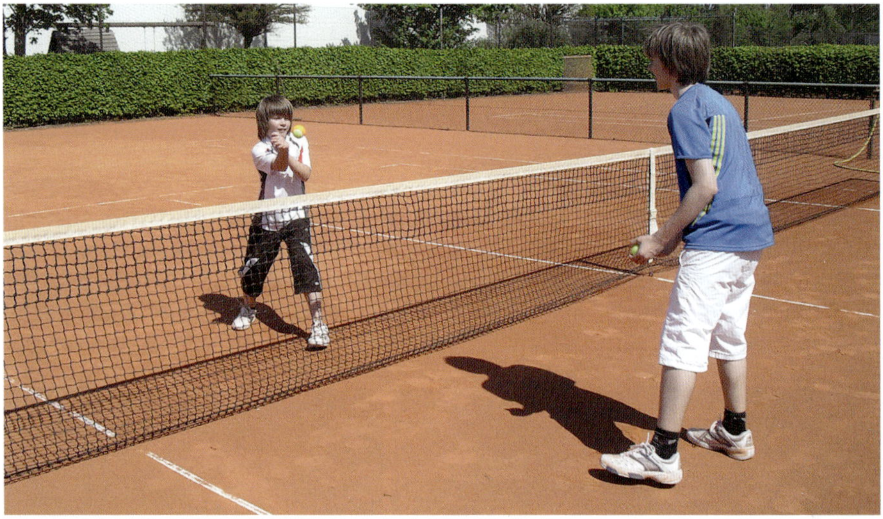

Variationen:
» Auch bei dieser Übung kann ein Spielcharakter entstehen, indem gezählt wird, welches Team zuerst 20 korrekte Versuche erzielt hat.
» Es können Zielfelder abgesteckt werden, die angespielt werden müssen.
» Bei erfolgreicher Durchführung wird die Übung mit dem Tennisschläger fortgesetzt. Die Distanz kann dann zunehmend vergrößert werden.

Hauptteil

Volleys im Vorrücken

Vorbereitung: Der Trainer markiert im Abstand von ca. 2 m eine Linie parallel zum Netz.

Durchführung: Die Schüler befinden sich alle auf einer Seite des Netzes und stellen sich jeweils zu zweit hintereinander an der T-Linie auf: 2 Spieler stehen auf der VH-Seite, 2 Spieler auf der RH-Seite. Auf Zuspiel des Trainers schlägt A (erster Spieler auf der VH-Seite) einen VH-Volley auf Höhe der T-Linie, rückt weiter ans Netz auf, indem er einen Splitstep über die Markierung absolviert und so in die Bereitschaftsposition springt. Anschließend erhält er noch einen zweiten VH-Volley und läuft durch die Mitte auf die RH-Seite, wo er sich hinter die beiden dort stehenden Spieler begibt. Als nächstes ist B (erster Spieler auf der RH-Seite) an der Reihe, um wie A zwei Volleys nacheinander zu schlagen. Diese werden allerdings mit der RH gespielt. Hinterher begibt sich B auf die VH-Seite. Es folgen C und D.

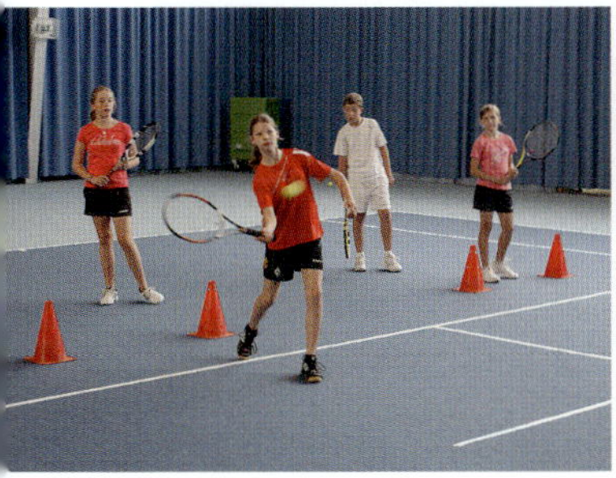

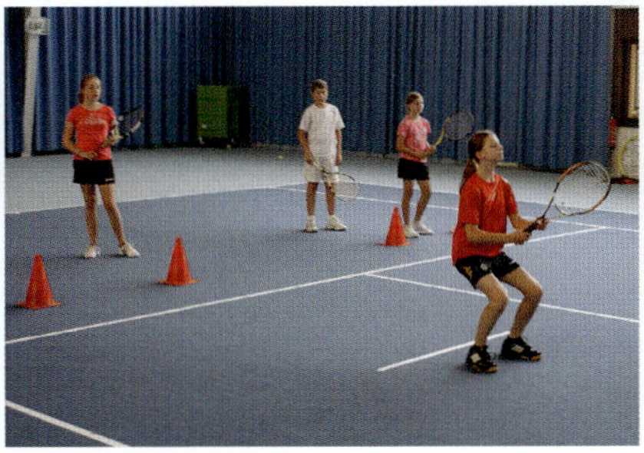

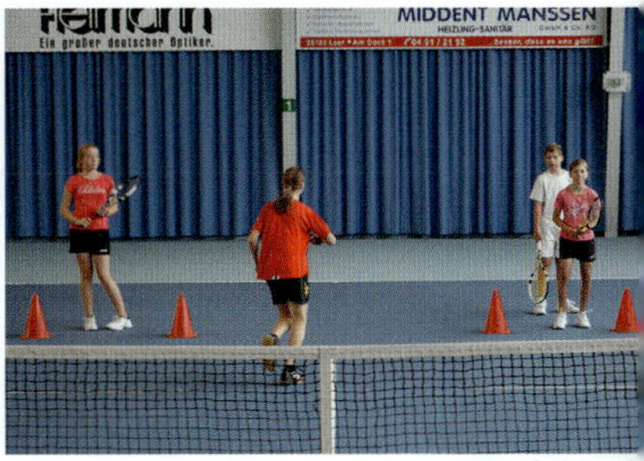

Tipps:

» Die Übung soll den Schülern verdeutlichen, dass Volleys nicht nur am Netz, sondern auch auf anderen Höhen des Feldes gespielt werden müssen. Gleichzeitig wiederholen sie den Splitstep und die Einnahme der Bereitschaftsposition.

» Es sollten von Anfang an Zielfelder angespielt werden, die zunächst im T-Feld liegen sollten, um anschließende Spiele zu erleichtern.

Volleyabwehr

Vorbereitung: Auf einer Seite des Netzes werden zwei Tore aufgestellt: eines auf der VH- und eines auf der RH-Seite.

Durchführung: Die TN stehen auf der gegenüberliegenden Seite der Tore, nur ein Spieler (hier: A) steht zwischen den Zielen. Auf Zuspiel des Trainers schlägt der Erste aus der Reihe (B) einen VH- oder RH-Ball und versucht damit, eines der Tore zu treffen. A bemüht sich, dies zu verhindern und schlägt den Ball (möglichst mit einem Volley) zurück zu B. Der Ballwechsel ist beendet, sobald einer der beiden einen Fehler macht oder das Tor getroffen wird.

Zählweisen: Es kann nach jedem Tortreffer ein Seitenwechsel erfolgen. Das heißt, der Spieler, der das Tor getroffen hat, darf den Torwart ablösen.

Sollten die Spieler sehr unterschiedlich in ihrem Können sein, bietet es sich an, Mannschaftswertungen zu machen. Dabei spielt der Torwart gegen die TN auf der gegenüberliegenden Seite. Jeder Gewinn eines Ballwechsels zählt einen Punkt. Für einen Tortreffer erhalten die Mannschaftsspieler allerdings zwei Punkte.

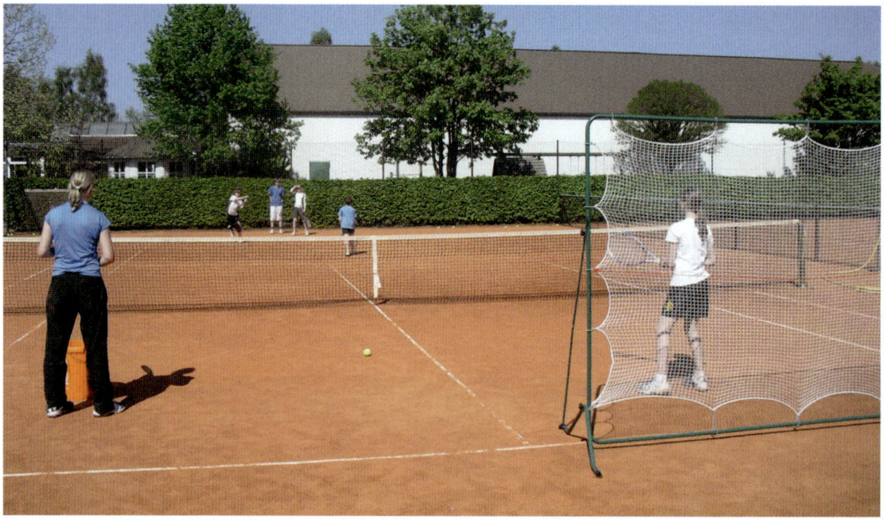

Technikerklärung

Nachdem die Schüler bei der vorherigen Übung festgestellt haben, dass sie nicht allzu sehr ausholen müssen, um einen Ball, der so dicht am Netz ist, darüber zu spielen, erklärt der Trainer die Technik des Volleys (VH und RH) und demonstriert diese. Das Wichtigste ist sicherlich der Hinweis auf die Griffhaltung. Hier sollte der Continental-Griff für VH und RH verwendet werden, um einen Wechsel zwischen den Schlägen zu vermeiden. Zudem sollte darauf hingewiesen werden, dass der Schläger vor der Schulter bleiben sollte und die Füße nach Möglichkeit gegengleich mitgesetzt werden sollten (linker Fuß bei der VH und rechter Fuß bei der RH).

Volley mit Partnerzuwurf

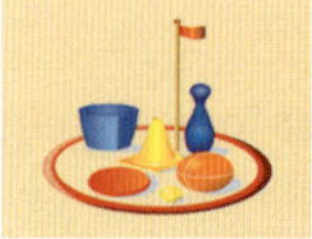

Methodikbälle und 1 Tennisschläger pro Paar.

Durchführung: Die Durchführung dieser Übung erfolgt ebenso wie bei der vorherigen Übung „Handtennis“. Allerdings wirft der Partner nun Bälle zu, die mit dem Schläger als Volley zu ihm zurückgespielt werden sollen.

Hinweis: Um den Ball kontrolliert zurückzuspielen und damit dem Partner die Möglichkeit zu geben, die Bälle zu fangen, sollte die Schlägerfläche zunächst immer leicht geöffnet sein, wenn der Ball getroffen wird.

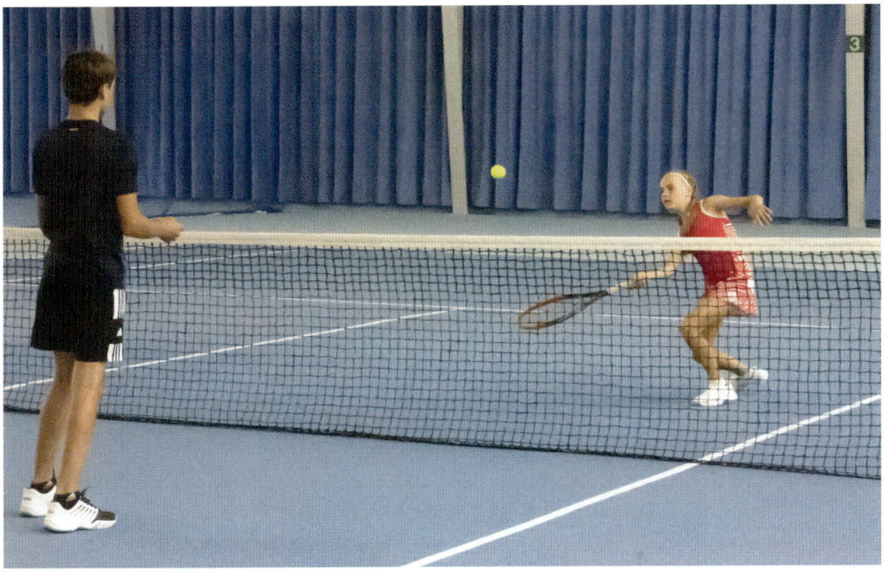

Abschluss

Volley-Dreier

Durchführung: Es werden Zweierteams gebildet, die sich im T-Feld gegenüber stehen. Nach Zuspiel des Trainers spielen sie im Einzelfeld des T-Feldes Punkte aus, wobei ein Punkt, der mit Hilfe eines Volleys erzielt wird, dreifach gewertet wird.

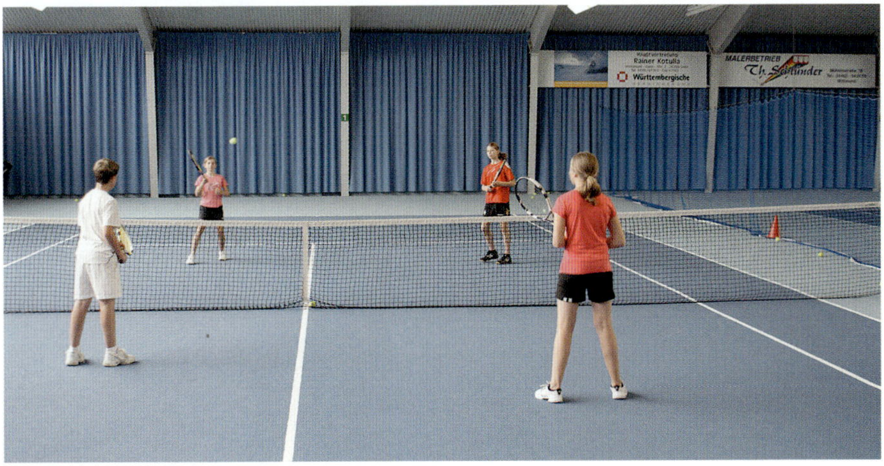

3.2.9 Volleys für Fortgeschrittene

Die TN lernen, den Volley aus der Vorwärtsbewegung im Spiel einzusetzen.

Allgemeine Aufwärmung

Reifenlauf

jeweils 1 Gymnastikreifen pro Zweierteam.

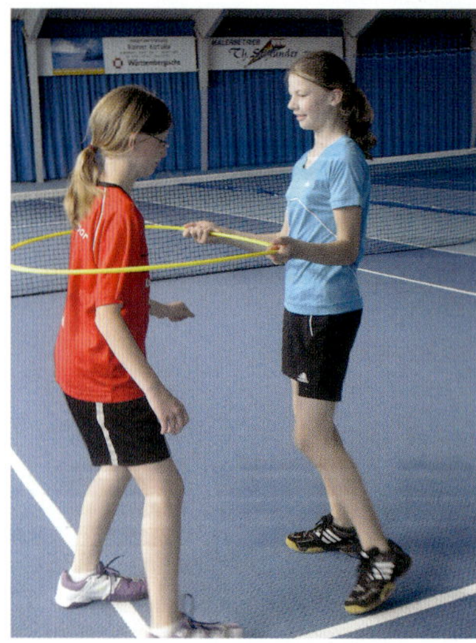

Durchführung: Partner A und B stehen sich gegenüber. A hält einen Gymnastikreifen auf Hüfthöhe fest, in dem sich B mit Blickrichtung zum Partner befindet. Dann beginnt A, sich auf einer Platzhälfte zu bewegen, wobei die Richtungen vorwärts, rückwärts, links und rechts erlaubt sind. B schließt sich den Bewegungen von A an, ohne den Reifen zu berühren.

Torabwehr

Jeweils 1 Tor pro Zweierteam.

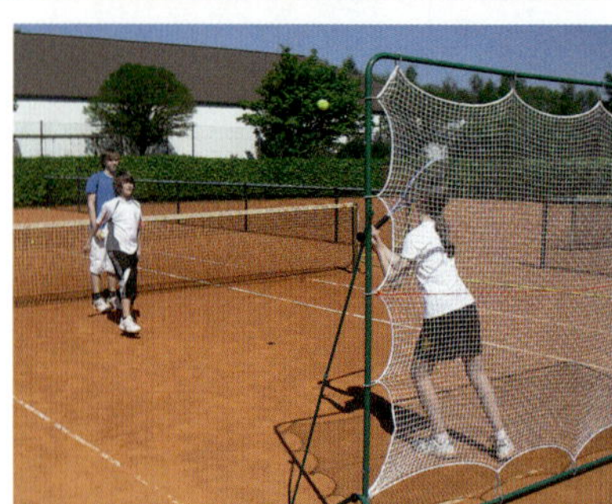

Durchführung: Spieler A stellt sich vor eines der beiden Tore, wobei er diesem den Rücken zuwendet. Spieler B wirft möglichst zügig Tennisbälle in Richtung des Tores, die A mit dem Schläger abwehren muss.

Hauptteil

Volley-Einspielübungen

Durchführung:

» Die TN spielen sich den Ball aus kurzer Entfernung über das Netz zu. Dabei verwenden sie den Kontrollschlag, d. h., sie schlagen den Ball einmal direkt vor sich hoch und spielen diesen dann aus der Luft zum Partner.

» Die Spieler stehen sich zu zweit am Netz gegenüber. A spielt Volleys, B spielt diese mit VH und RH zurück.

» Beide Spieler schlagen Volleys und vergrößern die Entfernung zwischen sich.

» Beide Spieler schlagen VH- und RH-Bälle von der T-Linie. Spieler A rückt nach wenigen Bällen ans Netz auf, schlägt ein paar Volleys und begibt sich während des Ballwechsels wieder zurück zur T-Linie. Sobald er dort angekommen ist, läuft B zum Netz, erhält ebenfalls einige Volleys und geht wieder rückwärts zur T-Linie.

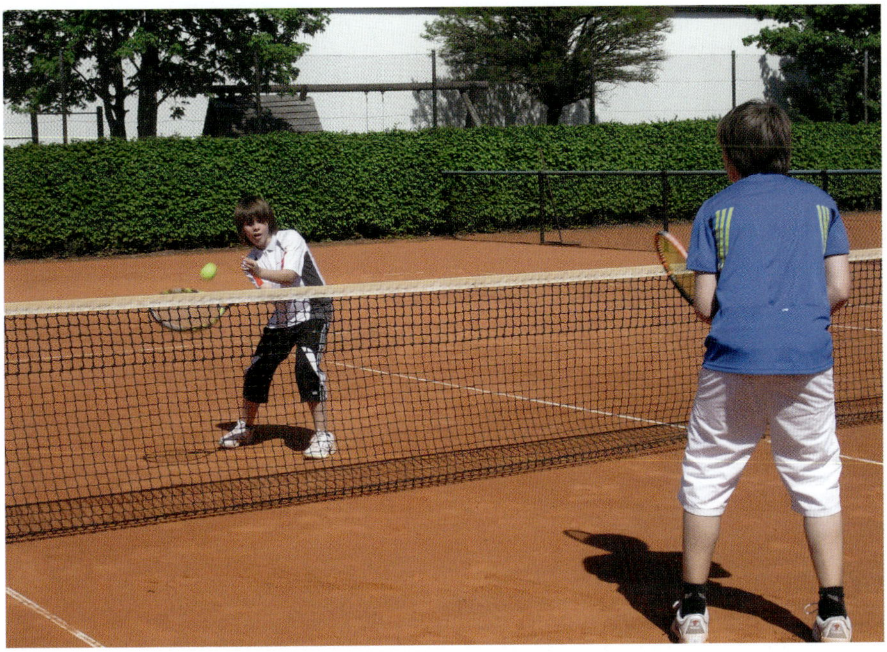

Volleyduell

Durchführung: Es werden Punkte im T-Feld ausgespielt, wobei sich jeweils 2 Spieler am Netz gegenüberstehen. Erlaubt sind ausschließlich Volleys. Sobald der Ball auf den Boden kommt, gibt es einen Punkt für den Gegner. Um das Spiel langsamer zu gestalten, wird die Vorgabe gegeben, dass der Ball immer nach oben, nie nach unten gespielt werden muss. Somit sind tödliche Volleys und Schmetterbälle ausgeschlossen.

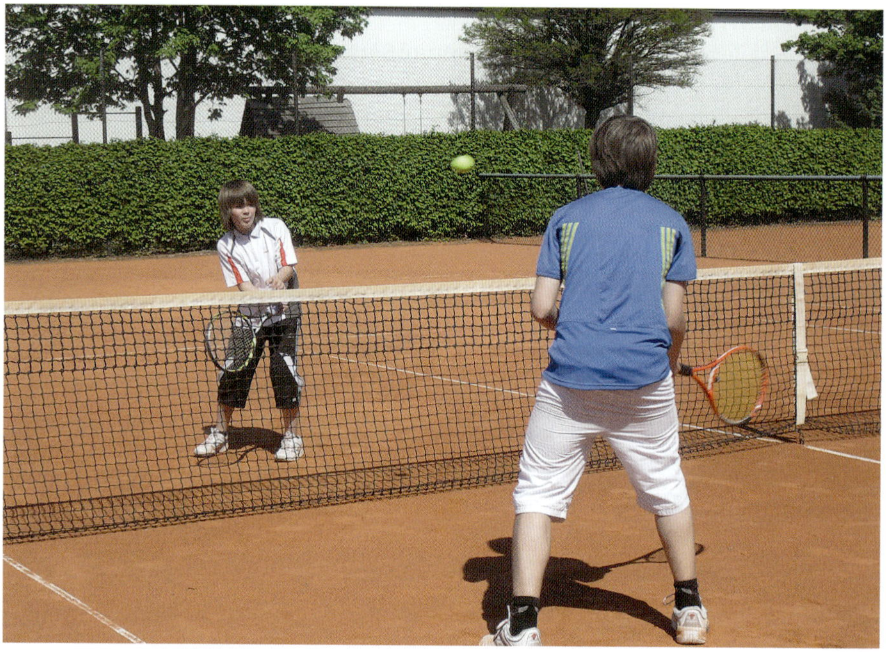

Volleys im Vorrücken (erschwerte Variante)

Durchführung: Die TN stellen sich kurz hinter der T-Linie in einer Reihe hintereinander auf. Der erste Spieler der Reihe beginnt. Er erhält insgesamt 5 Bälle und muss mit jedem Ball versuchen, dichter ans Netz aufzurücken. Im Gegensatz zur einfacheren Variante der Übung werden die Bälle jedoch durcheinander auf VH und RH zugespielt.

Hinweis: Es sollte auf den Splitstep zwischen den Schlägen geachtet werden und auch darauf, dass die Bereitschaftsposition eingenommen wird.

Variation: Es können Vorgaben zu Richtung und Länge der Volleys gegeben werden. Diese können durch das Abstecken von Zielfeldern verdeutlicht werden.

Abschluss

Volleykönig

Durchführung: Die TN spielen jeweils auf halbem Feld 1:1 den Punkt aus. A und B spielen gegeneinander und C und D. A beginnt und spielt den Ball von unten ein, rückt mit diesem sofort ans Netz auf und spielt den Punkt gegen B aus. Die nächste Angabe erfolgt von B, der sich ebenfalls sofort ans Netz begibt und versucht, den Punkt gegen A zu erzielen.

Nach einer vorher festgelegten Zeit (z.B. 6 Minuten) werden das Spiel beendet und die Partner gewechselt. Nachdem jeder gegen jeden gespielt hat, steht ein Volleykönig fest.

Hinweis: Je nach Spielstärke kann das Feld auch auf das Midcourtfeld begrenzt werden.

Variante: Das Spiel kann auch in Teams erfolgen. Dazu stellen sich die Paare nebeneinander auf und begeben sich gemeinsam ans Netz, um den Punkt zu erzielen. Der Vorteil dieser Variante ist zudem, dass sie auch in größeren Gruppen gut umsetzbar ist und wenig Wartezeiten entstehen.

3.2.10 Aufschlageinführung

Die TN sollen die Aufschlagbewegung kennenlernen und den Schlag in ihr Spiel integrieren.

Aufwärmung/Einspielen

Wurftennis

1 gut springender Plastik- oder Softball (mit ca. 8–15 cm Durchmesser).

Durchführung: Je nach Alter der TN wird entweder das Midcourtfeld oder das Großfeld als Spielfeld genutzt. Die TN werden in Zweierteams (Team A und B) aufgeteilt und stehen sich wie im Doppel im entsprechenden Feld gegenüber. Ein Spieler aus Team A wirft den Ball auf die Seite von Team B. Dort darf der Ball maximal einmal aufspringen, bevor er gefangen wird. Anschließend muss der Spieler aus Team B, der den Ball gefangen hat, diesen wieder zurückwerfen. Sollte der Ball ins Netz oder ins Aus gehen, oder der Ball nicht nach dem ersten Aufspringen gefangen werden, gibt es einen Punkt für die gegnerische Mannschaft. Wenn der Schlag mit dem Kurzgriff gut funktioniert, kann die Handfassung am unteren Griffende des Schlägers erfolgen.

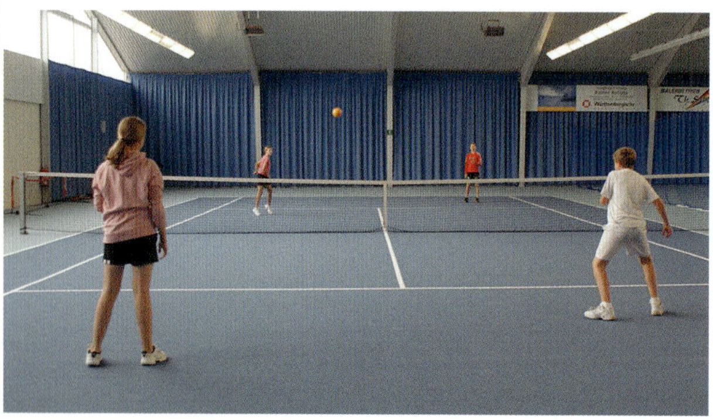

Techniktipps:

- Wichtig ist auf jeden Fall, dass die Kinder auf die korrekte Griffhaltung hingewiesen werden. Ein „Bratpfannengriff“ sollte unbedingt vermieden werden. Vielmehr sollten sie den Schläger mit dem Continental-Griff oder dem Semicontinental-Griff fassen. Zudem ist die seitliche Stellung einzuhalten.
- Sofern die TN Schwierigkeiten mit der Auftaktbewegung haben, kann die Bewegung auch in der „Trophy-Position“ begonnen werden. Dazu nimmt der Spieler den rechten Arm nach hinten, hält ihn dabei etwa in einem 90°-Winkel, senkt die rechte Schulter ab und wirft dann erst den Ball hoch, um diesen zu schlagen.

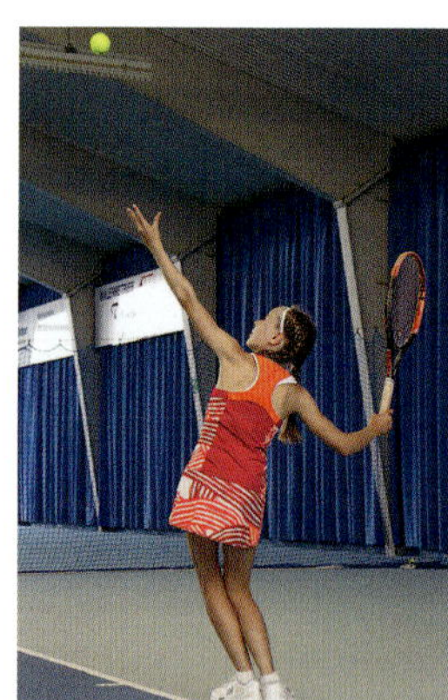

Weitere Regeln:

» Nach einem Fehler muss der Ball hinter der T-Linie wieder eingeworfen werden.
» Der Ball darf auch aus der Luft gefangen werden.
» Wird im Großfeld gespielt, kann ein Bereich von ca. 2 m Breite entlang des Netzes abgesteckt werden. Wird dieses getroffen, zählt das als Fehler.

Schmettertennis

Durchführung: Die TN werden in Zweierteams eingeteilt und stellen sich an der T-Linie nebeneinander auf. Sie sollen den Ball so auf die andere Seite spielen, dass er vor der Netzüberquerung einmal im eigenen Feld aufspringt.

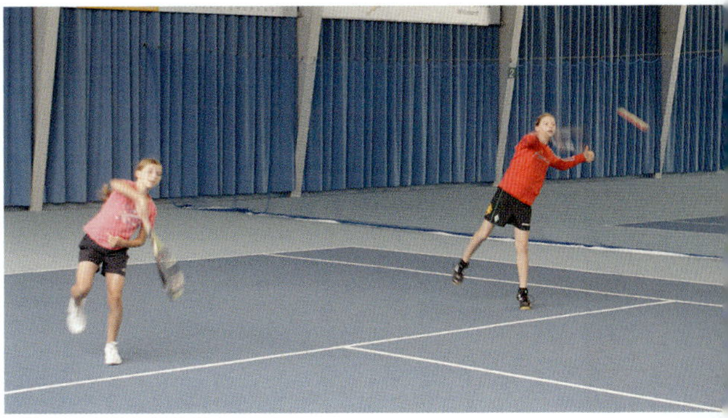

Hauptteil

Aufschlagvorübungen

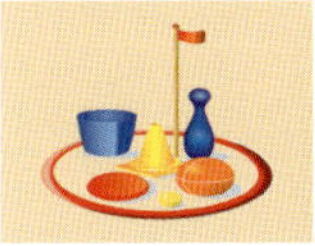

Zusätzlich zu Tennisschlägern und Bällen werden Pylonen als Ziele benötigt.

Durchführung: Die TN stehen an der T-Linie. Auf der gegenüberliegenden Seite werden Pylonen auf der VH- und RH-Seite als Ziele aufgestellt. Dann absolvieren die Spieler nacheinander folgende Aufgaben, wobei die Zielrichtung des Aufschlages (cross) von Anfang an berücksichtigt werden soll:

» Sie versuchen, die Hütchen auf der anderen Seite abzuwerfen.
» Jeder TN nimmt sich zwei Bälle. Einer wird mit der schwachen Hand vor dem Körper hochgeworfen, der Ball aus der starken Hand soll so geworfen werden, dass der andere Ball damit getroffen wird (normaler Schlagballwurf).

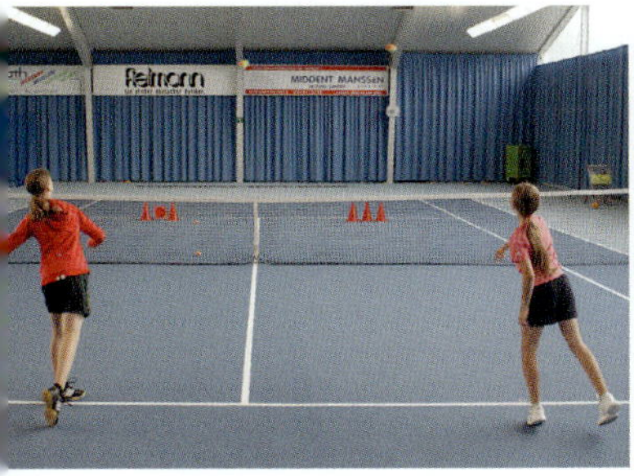

1. Übung:
Abwurf der Pylonen

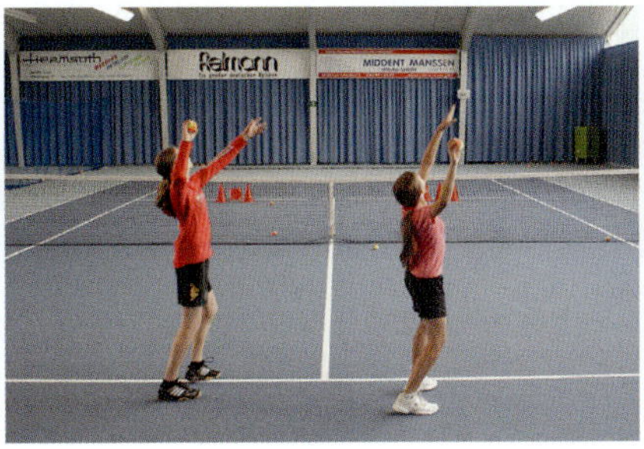

2. Übung:
Koordination beider Arme

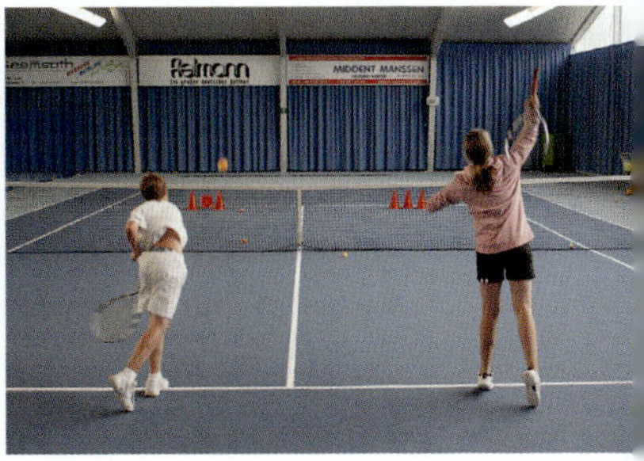

3. Übung:
Verkürzte Schlägerfassung

» Die gleiche Bewegung wird anschließend mit Ball und Hand, dann mit Ball und Schläger absolviert, wobei der Schläger ruhig kurz gefasst werden kann.
» Nach mehreren Treffern des Feldes kann die Entfernung vergrößert werden.

Cross-Spiel mit Aufschlag

Miteinander/ Durchführung: Die nun eingeführte Aufschlagbewegung wird in das Spielen integriert. Da die TN bisher noch keine Grundschläge geschlagen haben, sollen sie sich (in einem ihnen angemessenen Feld - T-Feld, Midcourt oder Großfeld) cross einschlagen. Als Angabe wird der erlernte Aufschlag genutzt. Dabei sollte zunächst nur auf Kontrolle, nicht auf Geschwindigkeit Wert gelegt werden.

Gegeneinander/ Durchführung: Die TN spielen auf beiden Crosshälften gleichzeitig Punkte aus. Dabei erhält jeder Spieler für einen Aufschlag, der im korrekten Feld landet, einen Punkt. Gleiches Recht kann auch für die Returns eingeführt werden. Einen weiteren Punkt bekommt der Sieger des Ballwechsels.

Tipp: Der Aufschlag von oben kann jederzeit beim Einspielen in abgeschwächter Form als Angabe genutzt werden und sollte die Angabe von unten durchaus häufiger ersetzen.

Abschluss

Aufschlag-Biathlon

Vorbereitung: Es wird ein Fehlerparcours mit Hilfe von zwei Pylonen (hinter der Grundlinie im Abstand von ca. 5 m aufstellen) aufgebaut.

Durchführung: Jeder TN benötigt 20 Tennisbälle. Diese werden in 4 Stapeln zu jeweils 5 Bällen an der Grundlinie des Feldes ausgelegt (je zwei Türme hinter der VH-Seite und zwei Stapel hinter der RH-Seite). Ziel des Spieles ist es, die Bälle in die korrekten Felder zu spielen, sodass man als erster aus der Staffel hervorgeht.

Die TN beginnen alle gleichzeitig mit der Übung. Beschrieben wird das Spiel am Beispiel eines Teilnehmers: Spieler A beginnt mit einem seiner Tennisballstapel. Er nimmt sich einen Ball, begibt sich zur Grundlinie und schlägt auf, läuft zurück, um den nächsten Ball zu holen usw., bis die ersten 5 Bälle gespielt wurden. Hat er diese alle in das korrekte Feld geschlagen, läuft er eine Runde um das Spielfeld und arbeitet dann seinen zweiten Stapel ab. Macht er Fehler, muss er für jeden nicht korrekten Aufschlag eine „Strafrunde" um die beiden Pylonen laufen. So verfährt er weiter, bis alle seine Bälle verbraucht sind und er die letzte Runde gelaufen ist.

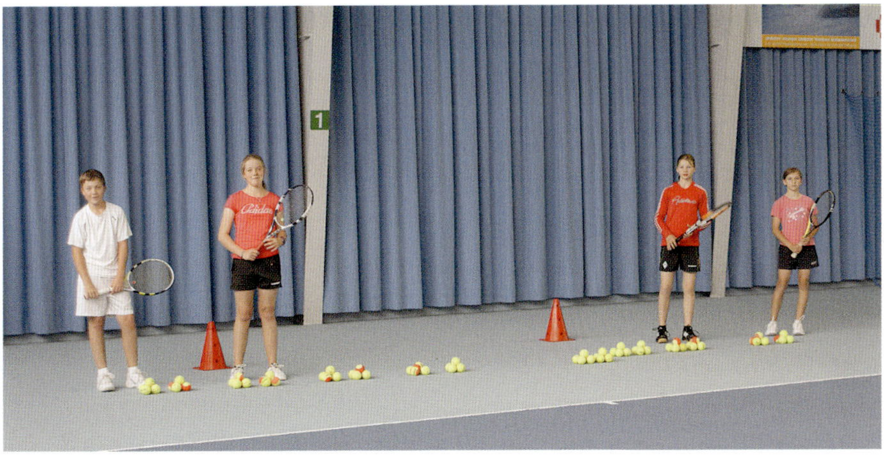

Spielaufbau

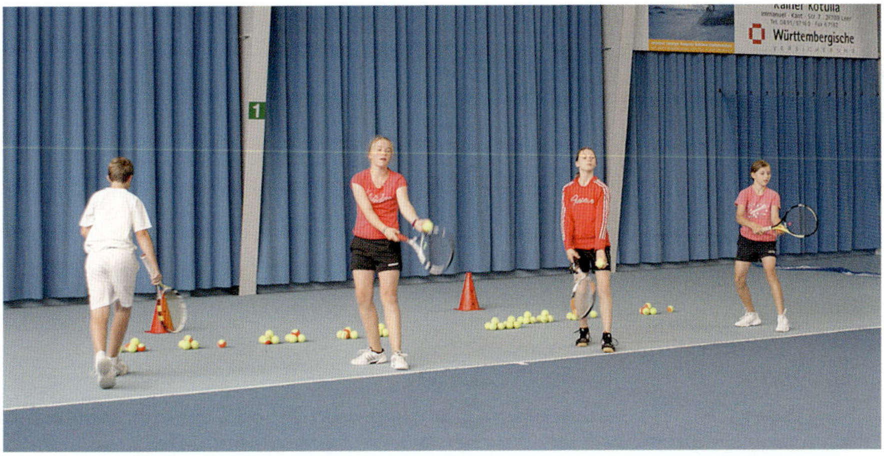

Die Spieler starten gleichzeitig mit den Aufschlägen.

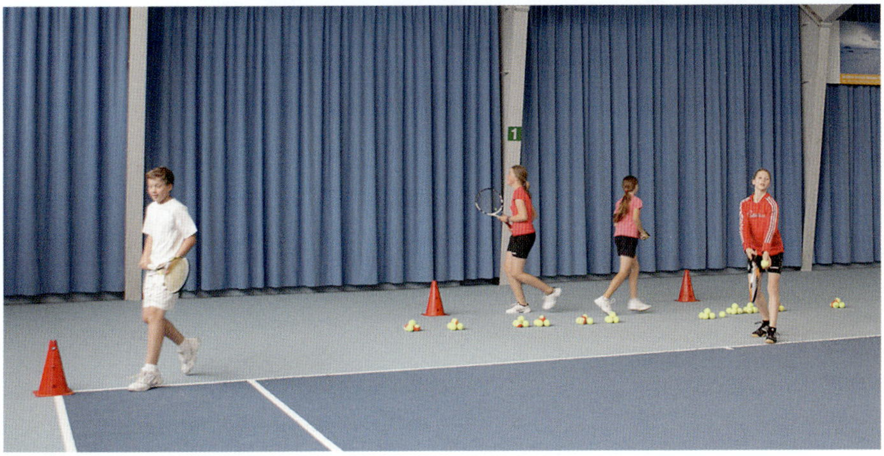

Nach Absolvieren der Strafrunden begeben sie sich auf die Platzrunde.

3.2.11 Aufschlagtraining für Fortgeschrittene

Die TN sollen ihre Aufschlagtechnik festigen und diese im Rahmen des normalen Spielgeschehens und unter Belastung einsetzen können.

Aufwärmung

Platz aufräumen

ca. 40 Tennisbälle (abgezählt!)

Durchführung: Die TN stehen jeweils zu zweit auf einer Seite des Platzes. Auf jeder Seite befinden sich 20 Tennisbälle kreuz und quer verteilt. Auf Kommando des Trainers versuchen die Mannschaften, ihr Feld möglichst frei zu räumen, d. h. sie werfen möglichst viele Bälle auf die Platzhälfte der anderen. Wer zum Zeitpunkt des Abschlusses durch den Trainer die wenigsten Bälle auf seiner Seite hat, hat gewonnen.

Tipp:
» Die Zeit sollte nicht zu lang gewählt werden (1 bis max. 2 Minuten).
» Es können gut drei Durchgänge absolviert werden. Sieger ist dann das Team, das die meisten Runden gewonnen hat.

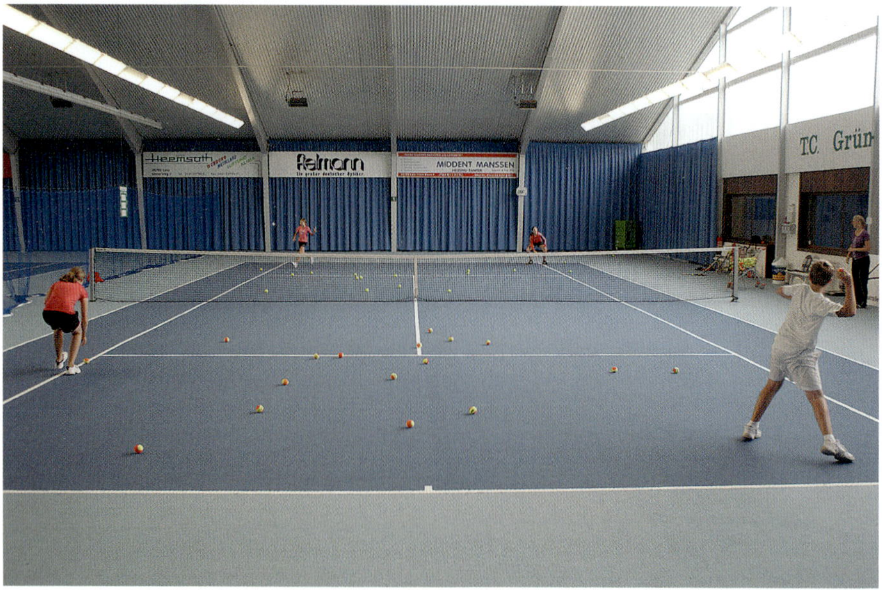

Hauptteil

Einspielen mit Aufschlagvorübungen

Durchführung miteinander: Die TN spielen sich ein. Dabei wird die Angabe mit einem lockeren Aufschlag von oben ins Feld gebracht. Der Griff wird dabei für den Aufschlag zunächst kurzgefasst und erst dann korrekt eingenommen, wenn dies gut funktioniert.

Durchführung mit Wettkampfcharakter: Es wird gezählt, welches Paar zuerst dreißigmal den Ball hin und her gespielt hat. Wird ein Fehler gemacht, müssen sie zwei Punkte von der bisherigen Punktzahl abziehen und der Ball muss erneut als Aufschlag von oben ins Spiel gebracht werden. Ein Fehler beim Aufschlag zählt nicht als Minuspunkt. Trifft der Spieler mit dem Aufschlag das richtige Feld, bekommt das Paar gleich drei Zusatzpunkte.

Aufschlag auf Zielfelder

Mehrere Markierungshütchen oder Markierungslinien.

Durchführung: Die Aufschlagfelder werden in Zonen abgegrenzt (z. B. eine Linie zur Abtrennung von außen und innen oder auch je zwei Linien pro Feld, sodass außen, innen und ein mittleres Feld vorgegeben sind). Die TN haben nun die Aufgabe, ihre Aufschläge so zu platzieren, dass sie in bestimmten Feldern landen.

Variation: Ein Wettkampfcharakter kann eingebaut werden, indem die TN (einzeln oder in Paaren) mitzählen müssen, wie oft sie die Felder bei einer vorgegebenen Anzahl an Bällen treffen. Wer hat bei 10 (20, 30) Bällen die meisten Treffer erzielt?

Nur der Aufschläger punktet!

Durchführung: Die TN spielen jeweils 1:1 auf dem halben Feld (cross) den Punkt aus. Dabei wird der Ball mit einem Aufschlag ins Spiel gebracht. Wer den Punkt gewinnt, erhält das Aufschlagrecht. Wichtigste Regel: Nur der Aufschläger kann punkten!

Nach einer vorgegebenen Zeit wird das Spiel abgepfiffen und zwei neue Paarungen gebildet. Ein Miniturnier als Abschluss ist ebenfalls denkbar.

Aufschlag-Ralley

Durchführung: Die TN stehen mit Ausnahme eines Spielers alle auf einer Seite des Spielfeldes. Sie schlagen abwechselnd auf und spielen dann den Punkt gegen den Einzelspieler aus. Wer den Punkt gewinnt, darf den Returnspieler ablösen. Nur auf der Seite der Returnspieler können Punkte gesammelt werden. Wer hat am Ende der Stunde die meisten gesammelt?

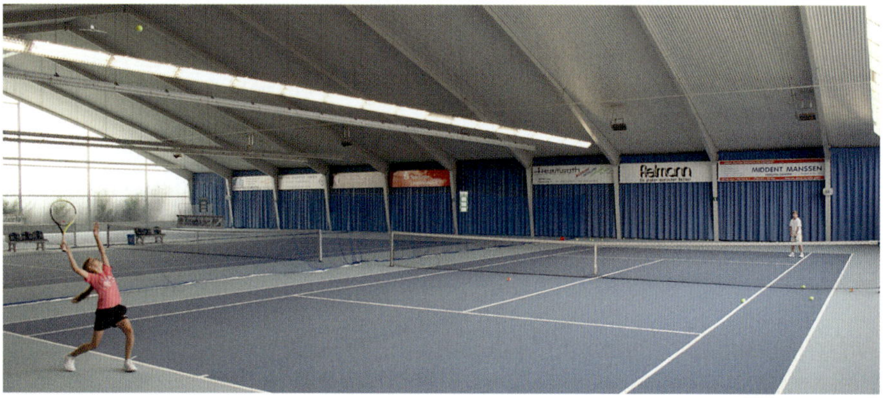

Abschluss

„All in one"

Durchführung: Zum Einspielen schlagen sich die TN immer zu zweit auf der Crosshälfte einen Ball zu. Eingespielt wird der Ball mit einem lockeren Aufschlag. Wenn sich die TN eingespielt haben, werden Punkte gezählt. Zu diesem Zweck schlagen die Partner auf einer Seite gleichzeitig auf und spielen den Punkt gegen ihren Partner auf der Crosshälfte (inklusive Doppelkorridor) aus. Sobald einer der beiden Bälle verschlagen wurde, spielen die vier TN gemeinsam im Doppelfeld den Punkt aus. Für beide Bälle wird ein Punkt vergeben. Wenn eine Mannschaft 21 Punkte erreicht hat, wird das Aufschlagrecht gewechselt.

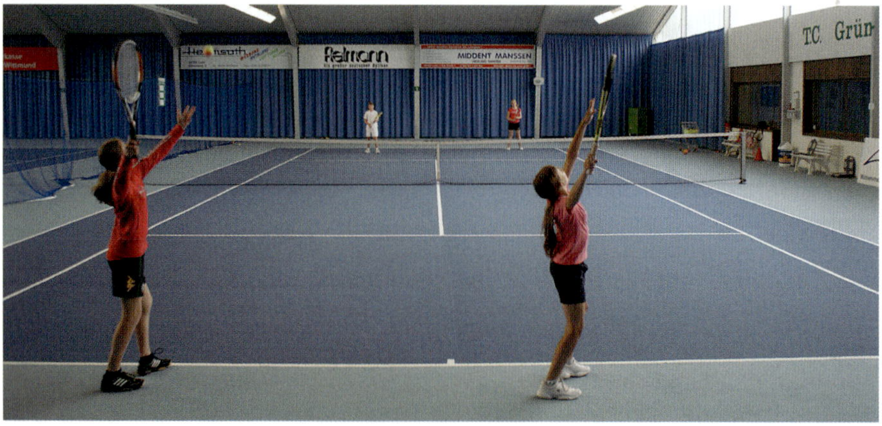

Tipp:

- Das Spiel ist bei den Kindern aufgrund seiner schnellen Wechsel sehr beliebt und kann in allen Feldgrößen gespielt werden. Je kleiner das Feld, desto erfolgreicher sind die Spieler mit ihren Aufschlägen.
- Sofern die Aufschläge noch nicht so sicher sind, kann das Feld vergrößert werden, indem der Doppelkorridor dazu genommen wird.

Variation: Der Aufschlag wird erschwert, sobald die Durchführung auf der Longlineseite erfolgt.

Eigene Ideen und Kommentare:

3.2.12 Einführung Schmetterball

Die TN sollen erste Erfahrungen mit dem Treffen eines Balles über Kopf sammeln, den sie nicht – wie beim Aufschlag – selbst angeworfen haben.

Aufwärmung

10er-Fangen

1 Plastik- oder Softball mit ca. 20 cm Durchmesser.

Durchführung: Es werden zwei Teams gebildet, die den Auftrag haben, sich einen Ball zehnmal zuzuwerfen, ohne dass die gegnerische Mannschaft den Ball zwischendurch abfängt. Wer dies schafft, erhält einen Punkt.

» Spielfeld ist eine Spielfeldhälfte des Tennisplatzes.
» Die Spieler dürfen nicht mehr laufen, sobald sie den Ball in den Händen halten.
» Sobald die Spieler der gegnerischen Mannschaft den Ball abgefangen haben, dürfen sie sich diesen zuwerfen.

Variation: Das Spiel kann erschwert werden, indem auch bei Bodenkontakt des Balles wieder bei „null" mit dem Zählen begonnen werden muss.

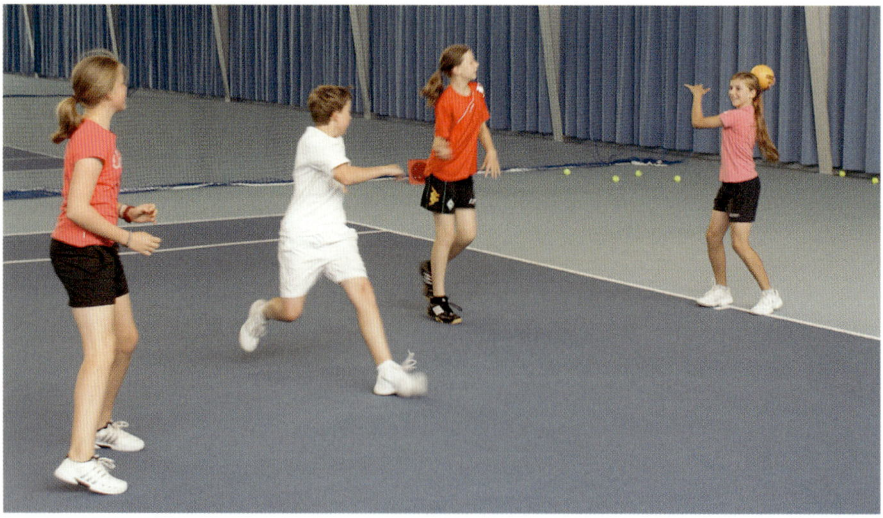

Tipp: Das Spiel kann auf einer Platzhälfte mit bis zu 8 TN durchgeführt werden. Sollten es mehr Kinder sein, sollten zwei Spielfelder genutzt werden, damit die Kinder nicht zu lange stehen.

Hauptteil

Tennis-Federball

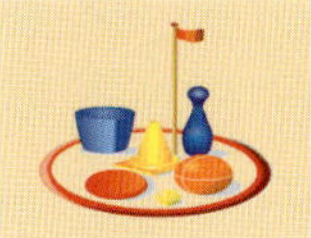

Federbälle (1–2 pro Zweierteam)

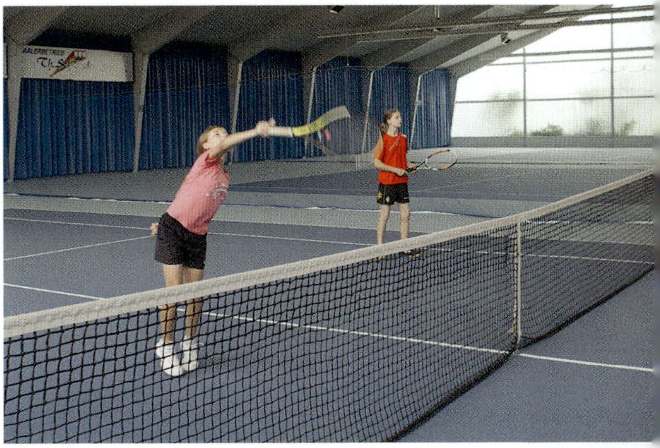

Durchführung: Die gegenüber stehenden Partner schlagen sich im T-Feld einen Federball zu, der möglichst hoch getroffen werden soll (Überkopf-Clear). Es werden jedoch immer noch Tennisschläger verwendet.

Tipp: Diese Übung ist aufgrund der Windverhältnisse häufig nicht draußen durchzuführen. Die Anwendung in der Halle bietet sich daher an.

Variationen:
» Die Schüler sollen ihren Partner nach hinten aus einem vorher festgesetzten Feld heraus treiben.
» Die TN spielen im Midcourt Punkte mit dem Federball aus.

Aufsetzerschmetterball

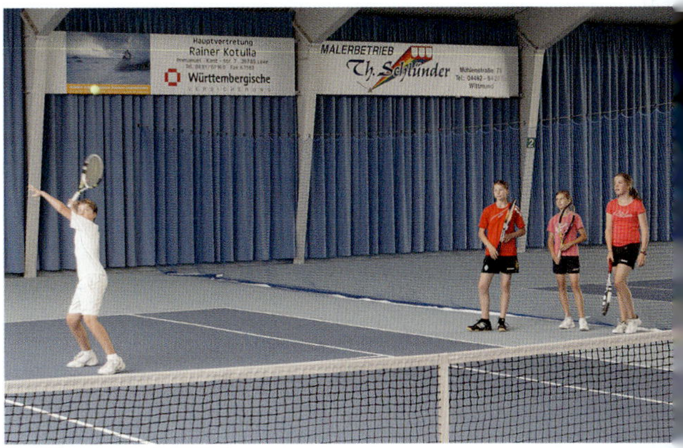

Durchführung: Der Trainer spielt den Schülern hohe Bälle im T-Feld an. Diese sollen nach einmaligem Aufspringen über Kopf zurückgeschlagen werden. Als Ziel können hohe Hütchentürme dienen, die umgeschossen werden sollen, oder auch Tore, die getroffen werden müssen.

Um die TN nicht zu lange warten zu lassen, bietet es sich an, einen TN mehrere Bälle schlagen zu lassen, während die anderen Zusatzaufgaben erhalten. Mögliche Arbeitsaufträge sind:

Passend zum Thema:
» Zu zweit einen Luftballon über Kopf in der Luft halten (mit der Hand oder dem Schläger).
» Einwürfe mit dem Minimedizinball zu einem Partner.
» Von einem Partner zugeworfene Bälle mit der schwachen Hand fangen.

Konditionell orientierte Aufgaben:

» Seilspringen
» Ganzkörperübungen (z. B. Unterarmstütz)
» Sit Ups
» Sidesteps von einem Hütchen zum anderen
» Seitwärtssprünge über flache Hürde
» Läufe durch die Koordinationsleiter

Kombination Volley und Schmetterball

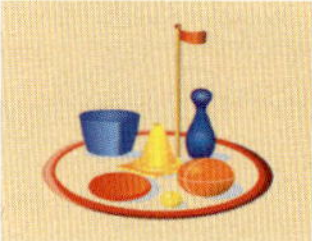

Markierungshütchen oder Markierungslinien.

Durchführung: Die TN starten seitlich auf Höhe der T-Linie. Der erste Spieler läuft schräg nach vorn Richtung Netz und soll nun folgende Bälle schlagen:

» VH-Volley
» Schmetterball
» RH-Volley
» Schmetterball
» VH-Volley

Dabei sollen die Bälle alle auf eine Seite des gegenüberliegenden Feldes gespielt werden, um von Beginn an die Kontrolle in den Mittelpunkt zu stellen. Diese Feldhälfte wird mit Hütchen oder Linien markiert. Danach läuft er schräg nach vorn zum Netz, berührt dies auf der VH-Seite und läuft auf der Einzellinie und Grundlinie zurück.

Variationen:

» Die TN erhalten insgesamt ca. 10 Bälle und sammeln ihre Bälle anschließend wieder ein.
» Es werden die Feldtreffer der Schmetterbälle gezählt.

Abschluss

Schmetterball-Doppel

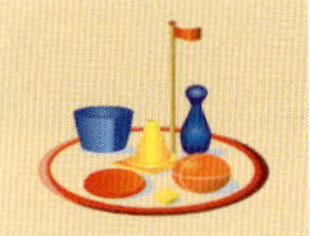

Methodikbälle

Durchführung: Es werden Punkte in einem angemessenen Feld ausgespielt (d. h. je nach Können im T-Feld oder Midcourt). Zwei Spieler stehen nebeneinander am Netz, die anderen beiden an der Grundlinie des festgelegten Feldes auf der anderen Seite. Die Netzspieler werden abwechselnd mit einem hohen Ball angespielt, den sie nach einmaligem Aufspringen schmettern sollen. Anschließend wird der Punkt ausgespielt.

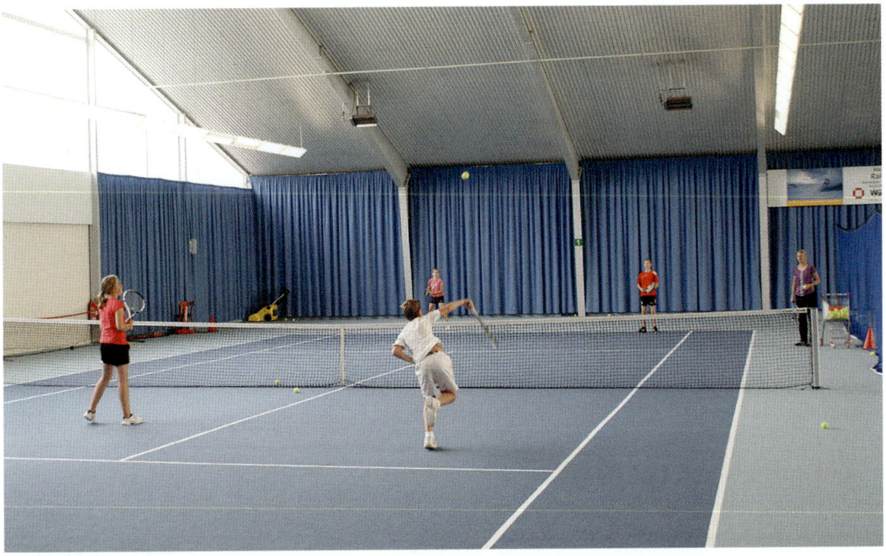

Variationen:

- Der Ball muss direkt aus der Luft geschlagen werden.
- Die Spieler müssen nach jedem ausgespielten Punkt mit dem Schläger das Netz berühren.

3.2.13 Einführung des VH-Stopps

Die TN erlernen die Technik des VH-Stopps und wenden diese in einfachen Spielsituationen an.

Aufwärmung

Fitnessparcours mit Ballgewöhnungsübungen

z. B.: Stepper, Koordinationsleiter, Hütchen, Reifen.

Durchführung: Je nach Vorhandensein werden unterschiedliche Materialien ausgelegt, um Übungen zur Beinarbeit zu absolvieren. Für jede Station wird eine Übung zur Beinarbeit festgelegt, welche in Kombination mit einer Aufgabe zur Ballgewöhnung durchgeführt werden soll. Mögliche Beispiele sind:

- Stepper: Abwechselnd mit dem rechten und linken Fuß auf und ab; dabei darf der Ball nicht von der Schlägerfläche fallen.
- Koordinationsleiter: Die Leiter wird im Doppelschritt durchlaufen und der Ball dabei mit der VH-Seite in die Luft geprellt.
- Hütchen: Die TN laufen (mehrfach) eine 8 um die Hütchen und müssen den Ball dabei mit der RH-Seite nach oben prellen.
- Reifen: Die TN bewegen sich mit seitlichen Nachstellschritten durch den Reifen und müssen den Ball dabei vor sich auf den Boden prellen.

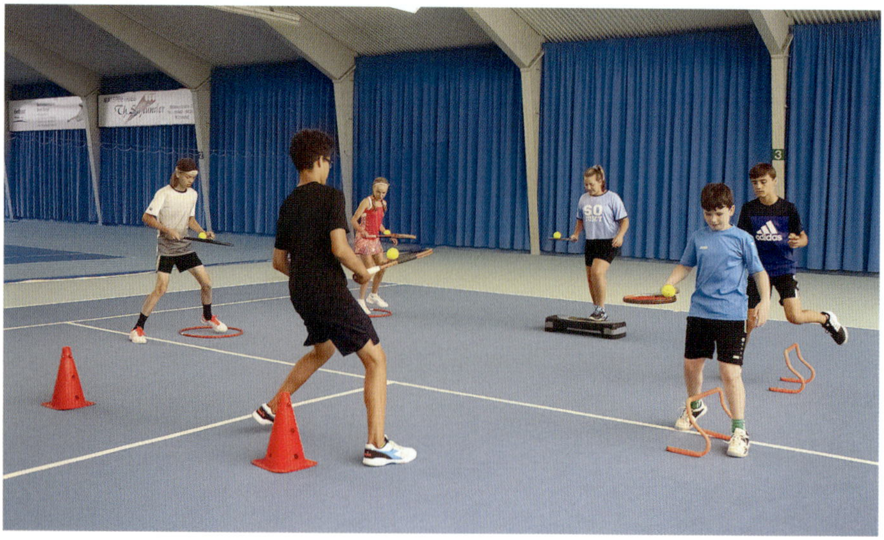

Hauptteil

Einspielen mit Kontrollschlägen

Die Übung eignet sich deshalb so gut, da zum einen das Ballgefühl gefordert ist und zum anderen der später hinzugefügte Volley der Technik des Stopps sehr ähnelt. Der Abstand wird im Vergleich zu vorherigen Stunden noch einmal reduziert.

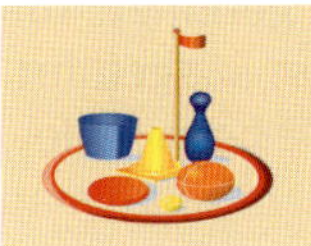

Tennisbälle (je nach Spielstärke); Markierungslinien.

Durchführung: Etwa 1,5 m hinter dem Netz wird parallel eine Linie mit Markierungsstreifen festgelegt (oder alternativ auf dem Außenplatz mit dem Besen gezogen). Zwei TN stehen sich am Netz gegenüber und spielen sich den Ball longline zu. Dabei müssen sie den Ball aber erst einmal vor sich selbst hochspielen, bevor er zum Partner geschlagen wird.

» Der Ball muss mit der VH angenommen und mit der RH über das Netz gespielt werden (dann andersherum).
» Der ankommende Ball darf den Boden berühren, der zweite muss direkt aus der Luft gespielt werden.
» Beide Bälle müssen aus der Luft geschlagen werden.

Die Übung wird dann in mehreren Schritten erschwert:
Tipp: Für diese Übung eignet sich der Hammer- bzw. Mittelgriff (Continental-Griff) am besten.

Einspielen mit Volleys

Durchführung: Die TN spielen sich den Ball aus kurzer Distanz am Netz mit dem Volley zu. Da die Schlagbewegung des Volleys der des Stopps sehr ähnelt, ist dies ideal als Vorbereitung für das nächste Spiel geeignet.

Spiel: Nur Rückwärtsdrall erlaubt

Durchführung: Die TN stehen sich zu zweit an der T-Linie gegenüber und spielen im halben T-Feld Punkte aus. Dabei dürfen sie die Bälle nur mit Rückwärtsdrall (bzw. Unterschnitt) schlagen und müssen nach jedem geschlagenen Ball mit den Füßen die T-Linie berühren. Dadurch wird automatisch der Stopp als erfolgversprechender Schlag erkannt und häufig eingesetzt.

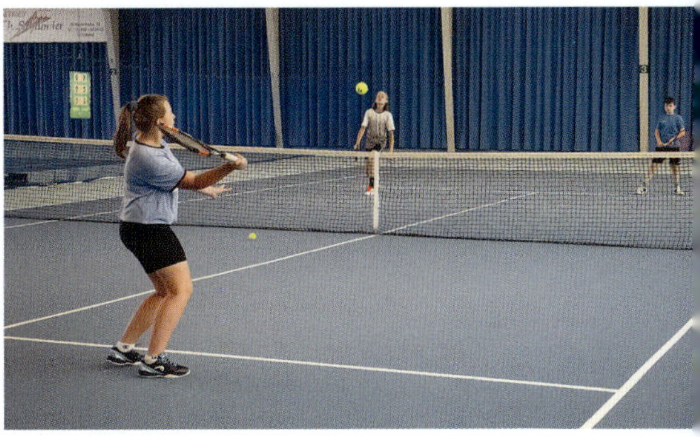

VH-Stopp auf Zuspiel

Techniktipps: Vor der Übung sollte der Trainer den TN die Technik des VH-Stopps erklären. Die wichtigsten Aspekte dabei sind sicherlich der Hinweis auf den Griff (Continental-Griff) und die Tatsache, dass der Schlag der Volleytechnik sehr ähnelt und von oben nach unten ausgeführt wird. Dabei wird zunächst auf ein Antäuschen der normalen VH-Bewegung verzichtet, der Schläger wird – ähnlich wie beim Volley – mithilfe der Schulterdrehung leicht nach rechts bewegt, bleibt jedoch zunächst vor der Schulter. Die Schlägerfläche ist leicht geöffnet. Die Schlagbewegung wird daraufhin von hinten oben nach vorn unten ausgeführt. Dabei ist die Vorwärtsbewegung des Schlägers ebenso gering wie beim Volley, da man dem Ball keinen weiteren Schwung mitgeben möchte. Zudem sollte man darauf achten, dass die Flugkurve nicht zu hoch angesetzt wird.

Durchführung: Die TN stehen in einer Reihe mittig hinter der T-Linie. Der erste Spieler erhält nacheinander vier Bälle auf die VH zugespielt. Diese sollen mit der VH-Stopptechnik in den bereits zum Einspielen abgesteckten Korridor geschlagen werden. Nach jedem Ball bewegt sich der Spieler wieder etwas zur Mitte zurück. Nach dem vierten Schlag geht er über die Mitte hinaus und der nächste TN ist an der Reihe.

Variationen:

» Sobald die TN die Bälle schon relativ sicher in das Feld schlagen, wird der Abstand des Schlagens in Richtung der Grundlinie vergrößert. Dort werden die Bälle auch zunächst recht einheitlich zugespielt.

» Klappt auch diese Übung ganz passabel, kann das Zuspiel hinsichtlich der Länge des Balles etwas variiert werden. Allerdings sollte insgesamt weiterhin auf ein flaches Zuspiel geachtet werden, da sich ein Stopp auf einen hoch ankommenden Ball nicht anbietet.

» Bewährt hat es sich auch, die Stopps gleich mit weiteren Techniken zu kombinieren. So können die vier Bälle z. B. folgendermaßen aufgeteilt werden: der erste Ball wird als VH-Topspin gespielt, der zweite als VH-Slice-Ball und die Bälle drei und vier als Stopp.

Der Stopp als Spieleröffnung

Durchführung: Die TN stehen sich an der Grundlinie gegenüber. Auf einer Seite befindet sich ein Mitspieler, auf der anderen Seite drei. Der Einzelspieler erhält den ersten Ball als flaches Zuspiel vom Trainer auf die VH. Diesen Ball soll er als Stopp auf die andere Seite schlagen. Sein Gegenspieler startet auf der RH-Seite der Gegenseite. Er berührt zunächst mit seinem Schläger die Einzellinie, begibt sich mit dem Zuspiel des Trainers in die Mitte, um diese mit dem Schläger zu berühren und darf erst danach in die Vorwärtslaufbewegung übergehen, um ein zu frühes Loslaufen zu verhindern.

Der Punkt wird ausgespielt. Jeder TN ist einmal allein auf der VH-Stoppseite und zählt bis 15 gegen die Mitspieler.

Variation: Die Laufwege der Spieler können verändert werden, indem diese aus verschiedenen Startpositionen loslaufen (rückwärts von der T-Linie, vom Zaun, vorher Hütchen umkreisen).

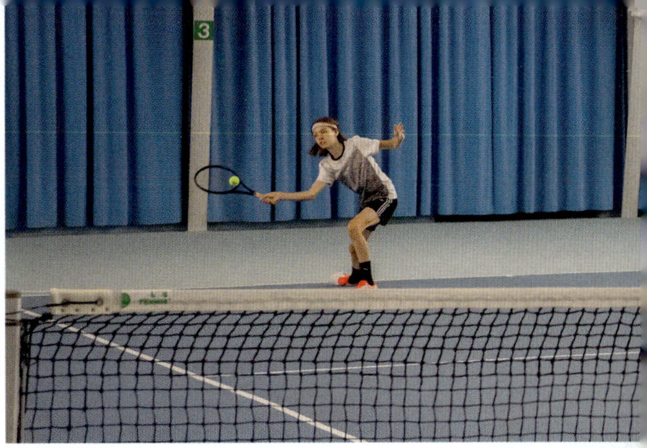

Abschluss

VH-Stopp aus dem Spielgeschehen

Durchführung: Die TN stehen sich jeweils zu zweit an den Grundlinien gegenüber und spielen gegeneinander Punkte aus (immer 2 Punkte nacheinander). Dabei kann Spieler A beim ersten Ballwechsel nur einen Punkt spielen, um zu gewährleisten, dass sie danach immer abwechselnd gegeneinander spielen. Wird der Punkt mit einem Stopp erzielt, erhält das Team gleich drei Punkte auf einmal.

Variation: Sollte die Fehlerzahl beim Schlagen der Stopps noch sehr groß sein, kann als zusätzliche Regel eingeführt werden, dass ein Netzfehler beim Stopp keinen Punktverlust bedeutet, sondern der Ballwechsel wiederholt wird.

Eigene Ideen und Kommentare:

3.2.14 Einführung des RH-Slic

Die TN erarbeiten die Technik des RH-Slice und wenden diese in einfachen Spielsituationen an.

Aufwärmung

Schlagparcours

Durchführung: Bei diesem Parcours verbinden die TN das Warmlaufen mit verschiedenen Trockenübungen zur Schlagtechnik. Es werden dazu mehrere Pylonen aufgestellt (z. B. auf der VH-Seite der Grundlinie, RH-Seite Grundlinie, VH-Seite des T-Feldes, RH und VH am Netz). Die TN laufen von einem Hütchen zum nächsten, wobei auf die entsprechend spieltypischen Laufarten geachtet werden soll. An den einzelnen Hütchen werden dann vorgegebene Schlagtechniken (VH-Topspin, RH-Topspin, Angriffsball, Volley oder auch Stopp) absolviert, bevor sie an der rechten Feldhälfte wieder nach hinten laufen.

Variation: Auf dem Weg zur Grundlinie können auch weitere Zusatzaufgaben eingefügt werden (Koordinationsleiter, Übungen am Stepper etc.).

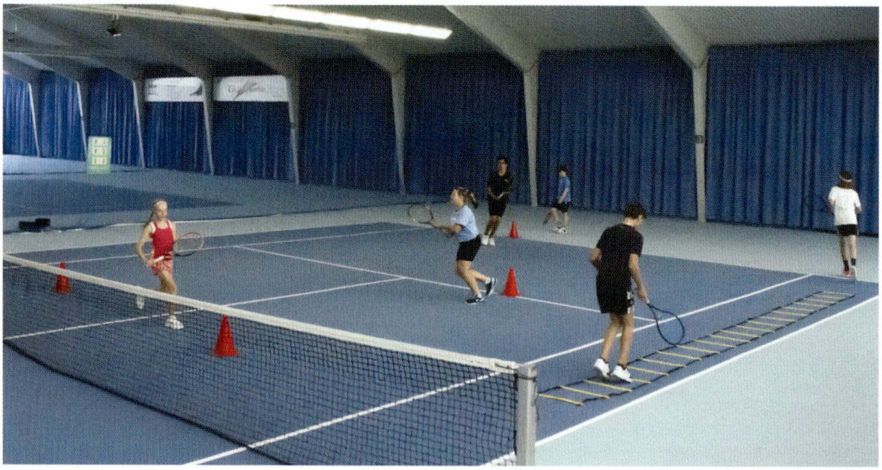

Hauptteil

Einspielen

Da der Slice als Bewegung vom Volley abgeleitet werden kann, wird der Schwerpunkt beim Einspielen auf den Volley gelegt.

Durchführung: Die TN stehen sich zu zweit am Netz gegenüber und spielen sich Volleys zu. Das Tempo sollte dabei so gewählt werden, dass möglichst wenig Fehler entstehen. Klappt dies gut, können folgende Variationen erfolgen:

» Ein Partner bleibt am Netz, der andere geht ein Stückchen weiter nach hinten (bis kurz vor die T-Linie), spielt aber immer noch Volley. Es erfolgen fließende Wechsel während des Ballwechsels (Ziehharmonika-Übung).

» Einer der beiden Spieler steht an der T-Linie und spielt dem Netzspieler den Ball als Volley zu, lässt den Ball selbst aber springen. Auch hier wird die Position fließend getauscht.

» Übergang zum Stopp: Die TN spielen immer im Wechsel einen Stopp hinter das Netz und einen etwas längeren Ball an die T-Linie, sodass sie sich immer vorwärts und rückwärts bewegen müssen.

Slice-Einführung

Durchführung: Zwei TN spielen auf der RH-Hälfte gegeneinander Punkte aus, die beiden verbleibenden Spieler stehen mit dem Trainer auf einer Feldseite an der T-Linie. Nach kurzer Erklärung des RH-Slice wirft er ihnen mehrere Bälle in Folge auf die RH zu, die mit der RH-Slice-Technik longline über das Netz gespielt werden sollen. Nach ca. 4–6 Bällen ist der Partner an der Reihe. Nachdem mehrere Durchgänge absolviert wurden und die Technik schon passabel beherrscht wird, werden die Paare getauscht.

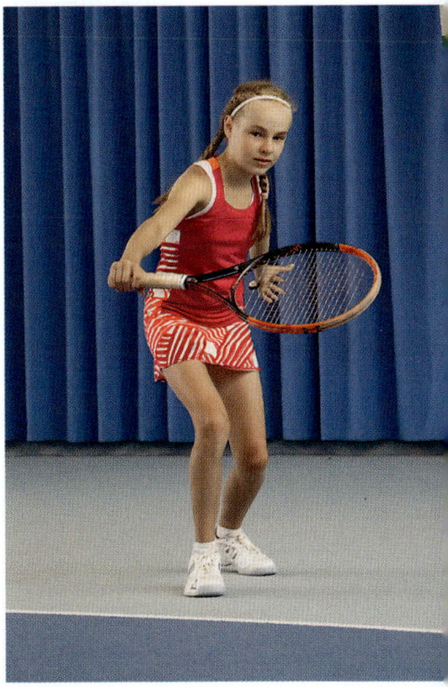

Techniktipp: Für den Slice wird in erster Linie der Continental-Griff empfohlen. Die linke Hand befindet sich zur Unterstützung am Schlägerherz. Mithilfe der Schulterdrehung (Rechtshänder nach links) erfolgt fast automatisch die Rückwärtsbewegung des Schlägers, wobei der Schlagarm relativ gestreckt sein und sich der Schlägerkopf über dem Handgelenk befinden sollte (Hinweis für Kids: Schlägerkopf zum linken Ohr). Die Schlagbewegung erfolgt dann vorwärts-abwärts bis zum Treffpunkt. Arm und Schläger bilden dabei ein L. Im Anschluss findet meist automatisch eine leichte Vorwärts-Aufwärtsbewegung des Schlägers statt.

Variation:

» Nach dem ersten Durchgang wird die Übung noch einmal von der Midcourt-Linie durchgeführt.

» Sollte die Übung schon sehr gut funktionieren, kann sie beim zweiten Wechsel von der Grundlinie absolviert werden.

Slice-Eröffnung

Durchführung: Die TN stehen sich zu viert im Midcourt-Feld gegenüber und spielen gegeneinander Punkte aus. Der erste Ball des Trainers muss mit einem RH-Slice über das Netz gespielt werden. Fehler bei diesem Ball werden nicht mitgezählt, sondern werden wiederholt.

RH-Slice miteinander

Durchführung: Die TN stehen sich zu zweit im Midcourt-Feld gegenüber und spielen sich den Ball longline zu, wobei sie so oft wie möglich den RH-Slice nutzen sollen. Welches Team schafft als erstes 10 (20 oder 30) am Stück?

Abschluss

Bigpoint mit Sliceeröffnung

Durchführung: Je nach Spielfähigkeit wird das Spiel im Midcourt oder im Großfeld durchgeführt. Die TN spielen gegeneinander Punkte aus, wobei auf einer Feldhälfte nur ein Spieler steht und die anderen auf der gegenüberliegenden Seite starten. Die ersten beiden Bälle müssen dabei cross mit RH-Slice gespielt werden. Erfolgt bereits bei diesen beiden Schlägen ein Fehler, zählt der Ballwechsel nicht und wird wiederholt. Spätestens nach drei Versuchen ist allerdings auf der Seite, auf der sich mehrere Spieler befinden, ein Wechsel durchzuführen. Der TN, der zuerst drei Punkte hat, darf den Einzelspieler ablösen und erhält einen Bigpoint. Der Einzelspieler bekommt ebenfalls einen Bigpoint, wenn er drei Punkte hintereinander erzielt.

Eigene Ideen und Kommentare:

3.3 Schwerpunktthemen

Tennis ist eine vielseitige Sportart, die nicht nur klassisch als Einzel oder Doppel ausgeführt werden muss. Auch mit größeren Gruppen können spannende und bewegungsintensive Übungen und Spiele durchgeführt werden, die die Teilnehmer begeistern.

Die folgenden Beispiele zeigen Anwendungsformen für unterschiedliche Gruppengrößen und Situationen, die zum einen die klassischen Themen wie Einzel- und Doppeltraining berücksichtigen, zum anderen kreative Felder wie z. B. das Training mit Schulklassen oder Spaßturniere für alle aufgreifen.

3.3.1 Tennis mit großen Gruppen (z. B. Schulklassen)

3.3.1.1 Tennis in der Turnhalle – Teil 1

Die Attraktivität und Vielfalt der Rückschlagspiele werden den Schülern zugänglich gemacht. Sie entwickeln in offenen Angeboten eigene Spiele.

Aufwärmung

Hockey-Staffel

2 Kastenoberteile und 1 kleiner Kasten, Zahlenblätter (1 x mit der Zahl 3; 2 x mit der Zahl 1 und mit der Zahl 2) und Klebeband zum Fixieren, 1 Wertungsblatt, 1 Stift, 2 größere Plastik- oder Schaumstoffbälle und 1 Tennisschläger pro Gruppe; außerdem Langbänke zum Abtrennen der Bahnen.

Aufbau: Ausgehend von einer Klassengröße von mindestens 25 Schülern wird die Halle quer mit Langbänken in mehrere Bahnen geteilt. Da die Mannschaftsgröße zwischen 6 und 8 Mitspielern liegen sollte, werden bei 18 Schülern 3 Bahnen, bei 24 Schülern 4 Bahnen aufgebaut. Am Ende jeder Bahn werden mittig ein kleiner Kasten, rechts und links davon zwei Kastenoberteile mit der Oberfläche nach vorn aufgestellt. Der kleine Kasten wird mit der Zahl „3“ gekennzeichnet, die Kastenoberteile daneben mit „2“ (innen) und „1“ (außen). Jedes Team erhält ein Wertungsblatt, einen Stift, zwei Schaumstoffbälle und einen Tennisschläger.

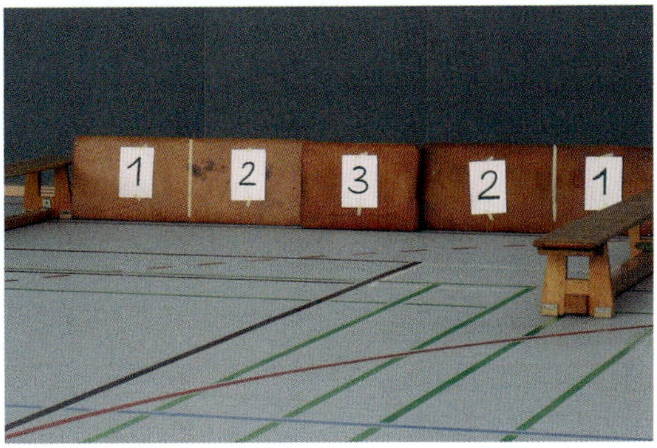

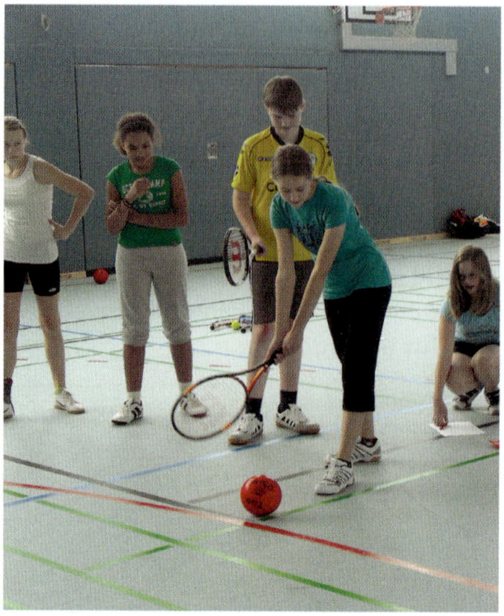

Durchführung: Aufgabe der TN ist es, den Schaumstoffball mit dem Tennisschläger in Richtung der Kästen (in der zugewiesenen Bahn) zu schlagen. Dann überlässt der erste Spieler seinem nächsten Partner den Schläger und läuft hinter seinem Ball her, um diesen zurückzuholen. Gewertet werden die Punkte, die mit den Bällen erzielt werden. Trifft der Spieler beispielsweise die „3“ (also den kleinen Kasten), erhält das Team 3 Punkte, wird daneben geschossen, gibt es keine Wertungspunkte. Die erreichte Punktszahl wird auf dem Wertungsblatt notiert. Welche Mannschaft hat zuerst 100 Punkte?

Variationen:

» Ähnlich wie beim Bowlen oder Kegeln können andere Punktwertungen wie Pyramiden- oder Tannenbaumzählung, bei denen die Zahlen in einer bestimmten Häufigkeit getroffen werden müssen, Anwendung finden.

» Möglich sind auch eigene Kreationen, bei denen die Punkte in einer bestimmten Reihenfolge erzielt werden müssen.

» Der Kreativität sind hier keine Grenzen gesetzt. Im Anhang sind zwei Kopiervorlagen beigefügt.

Hauptteil

Verschiedene Rückschlagspiele entwickeln und ausprobieren

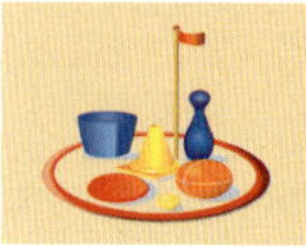

Jeweils in der Anzahl der Gruppen-TN.

Gruppe 1: Tennisschläger und Tennisbälle
Gruppe 2: Handtennisschläger und Soft- oder Methodikbälle
Gruppe 3: Tennisschläger und ein größerer Plastik- oder Schaumstoffball
Gruppe 4: Badmintonschläger und Badmintonbälle
Gruppe 5: Tischtennisschläger und Tischtennisbälle
Gruppe 6: Squashschläger und passende Bälle

Später können je nach Gruppenbedarf noch weitere Materialien wie Zauberschnur, Stützen, Langbänke etc. erforderlich sein.

Durchführung:
a) Die TN erhalten den offenen Arbeitsauftrag, sich in der Halle zu verteilen und ihre Materialien auszuprobieren, ohne die anderen zu behindern.

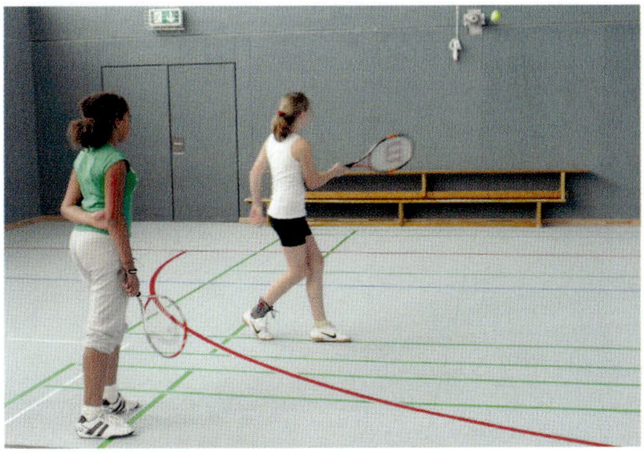

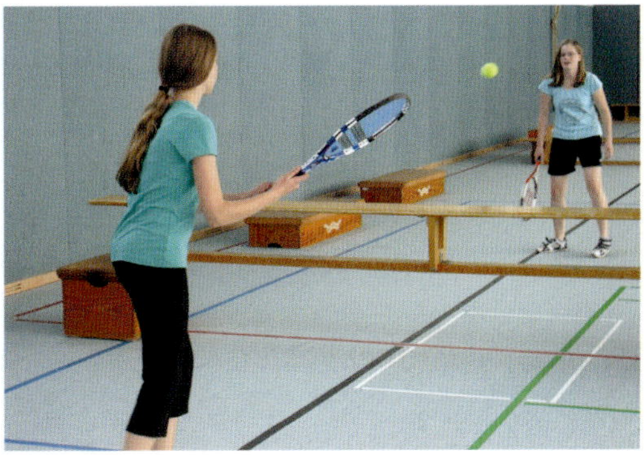

b) Jede Gruppe soll mit Hilfe ihres Materials und möglichem Zusatzmaterial ein Spiel mit Punktewertung entwickeln. Nach einer Zeitvorgabe (10 Minuten sind meist ausreichend) werden die Spiele vorgestellt und anschließend von allen ausprobiert, wobei etwa 5 Minuten pro Station vorgesehen sind.

Tipp: Im Anschluss an die Spieldurchführung kann im Sitzkreis ein Feedback sinnvoll sein, um zu sehen, was den TN gefallen hat und wo es noch Verbesserungsvorschläge gibt.

Abschluss

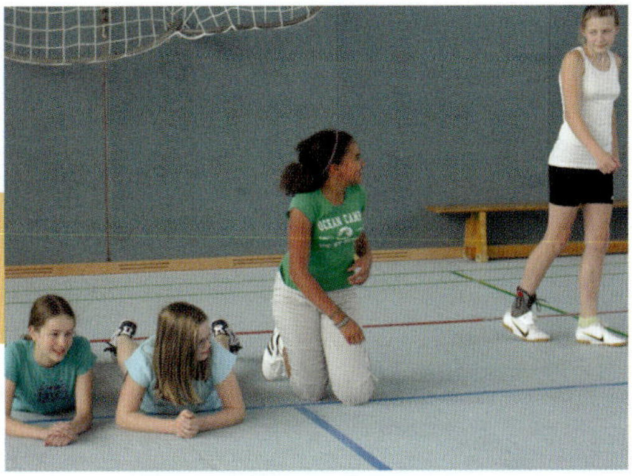

Drei ist einer zuviel

Keines

Durchführung: Die Schüler legen sich zu zweit nebeneinander auf den Boden der Halle (gut verteilt, aber nicht zu dicht an die Hallenwand). Zwei Schüler bleiben stehen und spielen Jäger und Hase, das heißt, einer der beiden muss den anderen versuchen zu fangen. Schafft er dies, wird der Hase zum Jäger. Kann der Hase sich jedoch rechtzeitig neben eine Zweiergruppe legen, muss der außen liegende Schüler aufstehen und den bis dahin als Jäger eingesetzten Schüler fangen.

Variation: Später können auch mehrere Hasen und Jäger gleichzeitig durch die Halle jagen.

Tipp: Damit alle Schüler an die Reihe kommen, können sich die bereits gelaufenen auf den Boden setzen (nicht legen), damit der Unterschied deutlich wird.

3.3.1.2 Tennis in der Turnhalle – Teil 2

Nach den eher offenen Angeboten in der ersten Stunde werden die Schüler gezielt mit der Sportart Tennis bekannt gemacht. Einfache Übungen und Spiele ermöglichen dabei von Anfang an motivierende Erlebnisse.

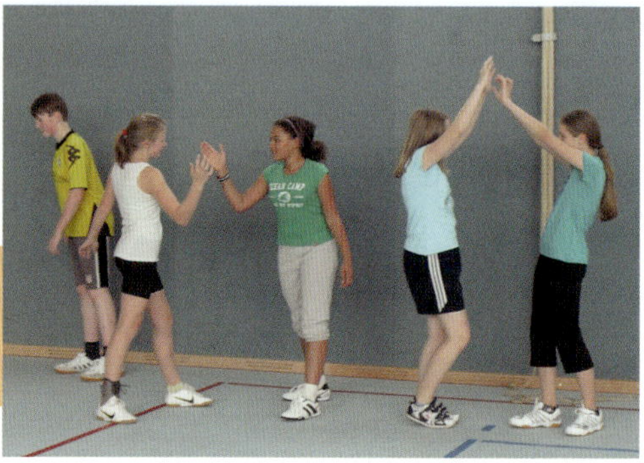

Aufwärmung

Partner abklatschen

Keines

Durchführung: Die Schüler bewegen sich frei in der Halle. Sobald sie jemandem begegnen, klatschen sie sich ab. Möglichkeiten des Abklatschens sind:

- give me five (mit rechts; später auch mit links)
- mit beiden Händen über dem Kopf
- mit beiden Händen neben dem Körper
- einmal mit rechts, in die eigenen Hände klatschen und dann noch einmal mit links

Eins, zwei, drei – vorbei!

4 Pylonen pro Kleingruppe; Gruppengröße maximal 6 Personen.

Durchführung: Jede Kleingruppe stellt die Pylonen so auf, dass sie insgesamt drei Durchgänge bilden: einen ca. 3–4 m breiten in der Mitte und zwei ca. 2–3 m breite äußere Tore. Auf der einen Seite der Pylonen steht der Fänger, auf der anderen Seite der Pylonen stehen die Gejagten (Rest der Gruppe). Der Erste aus der Reihe beginnt mit dem Versuch, sich so zu bewegen, dass er durch eines der äußeren Tore gelangt, ohne von dem Fänger getickt zu werden. Sobald er eines der beiden mittleren Hütchen seitlich überschreitet, darf er vom Fänger abgeschlagen werden.

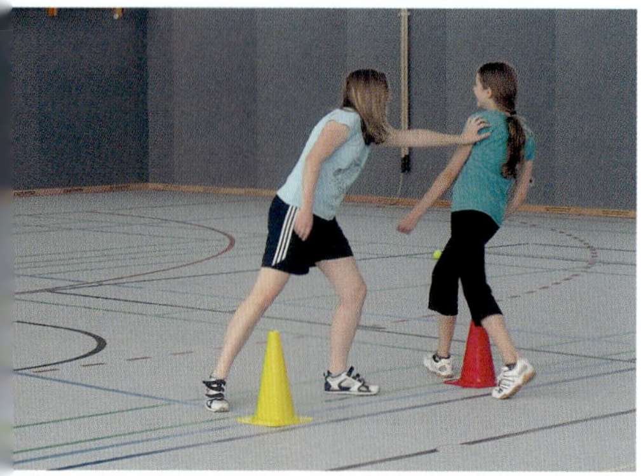

Variationen:

- » Der Fänger wird erst dann abgelöst, wenn er einen Mitspieler getickt hat.
- » Die Gruppe muss einen kompletten Durchgang gegen den Fänger absolvieren. Für jeden abgeschlagenen Spieler erhält der Fänger einen Punkt. Wer hat am Ende die meisten Punkte?

Hauptteil

Gewöhnungsübungen (siehe auch S. 32: Erste Tennisübungen)

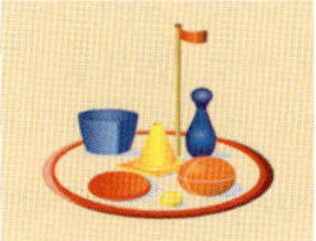

1 Schläger und 1 Tennisball pro TN.

Durchführung:

Die TN erhalten verschiedene Aufgaben, die sie lösen sollen:

- » Den Ball auf dem Schlägerkopf rollen lassen, ohne dass er herunterfällt.
- » Den Ball auf dem Schläger „tanzen“ lassen (ein kleines Stück in die Luft „schubsen“ und wieder zur Ruhe kommen lassen)
- » Wer schafft es, den Ball sogar auf dem Schläger zu prellen?
- » Die Schüler lassen den Ball mit der schwachen Hand fallen und fangen ihn nach einmaligem oder mehrmaligem Springen mit dem Schläger auf.

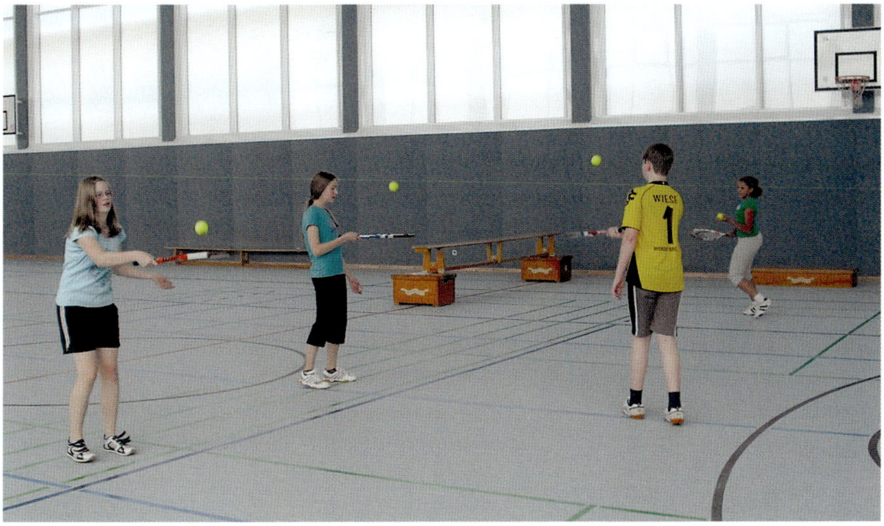

Variationen:

- » Die Übungen können auch mit der schwachen Hand durchgeführt werden.
- » Sie können als Partnerübungen absolviert werden.

Partnerübungen in Minifeldern

Absperrband oder Zauberschnüre; Stützen oder Pfosten zum Anbinden; Bänke zum Abtrennen der Felder (je ein Feld für 4 Spieler); je 1 Schläger und 1 Tennisball pro Spieler.

Durchführung: Mit Hilfe der oben genannten Materialien wird die Halle in mehrere Minifelder aufgeteilt (Größe pro Feld etwa 5x10 m). Die jeweiligen Partner stellen sich gegenüber dem Netz auf und lösen gemeinsam folgende Aufgaben:

» Sie rollen sich den Ball unter dem Netz gegenseitig mit dem Schläger zu.
» Einer wirft dem anderen den Ball zu, dieser fängt ihn mit dem Schläger auf und wirft ihn anschließend mit der Hand zurück, sodass sein Partner den Ball wieder mit dem Schläger fangen kann.
» Partner 1 legt den Schläger weg und wirft Partner 2 den Ball so zu, dass dieser den Ball gut zurückschlagen kann. Partner 1 fängt den Ball und wirft ihn wieder zu 2 (wechseln nicht vergessen).
» Beide spielen sich den Ball mit dem Schläger zu (mit und ohne Kontrollschlag). Welches Team schafft zuerst 30, 40, 50 Wiederholungen?

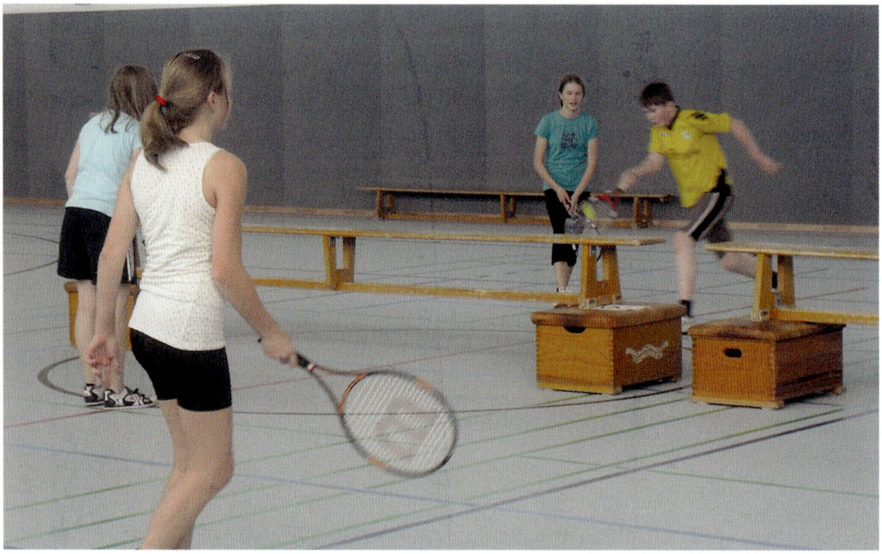

Variationen:

» Da sich häufig starke Sportler zusammenfinden ist es ratsam, zwischendurch die Partner zu tauschen. Eine Netzseite bleibt dafür einfach stehen, die Spieler der anderen Netzseite rücken eine Position im oder gegen den Uhrzeigersinn weiter.
» Ein weiterer Partnerwechsel ist möglich, wenn die Spielrichtung gewechselt wird (von longline zu cross).

Abschluss

Tennis-Bundesliga

Siehe Übung 1.

Durchführung: Die zufällig nebeneinander stehenden Partner bilden ein Team und spielen Punkte gegen die beiden gegenüber stehenden TN aus.

Nach einer vorher festgelegten Zeit wird abgepfiffen. Die Siegermannschaft geht ein Spielfeld nach rechts weiter (steigt eine Liga auf), die Verlierermannschaft geht ein Spielfeld nach links weiter (steigt eine Liga ab). Nur das Team, das in der ersten Liga gewinnt, bleibt an seinem Platz. Ebenso bleibt die Mannschaft, die in der untersten Liga verliert, an ihrem Platz.

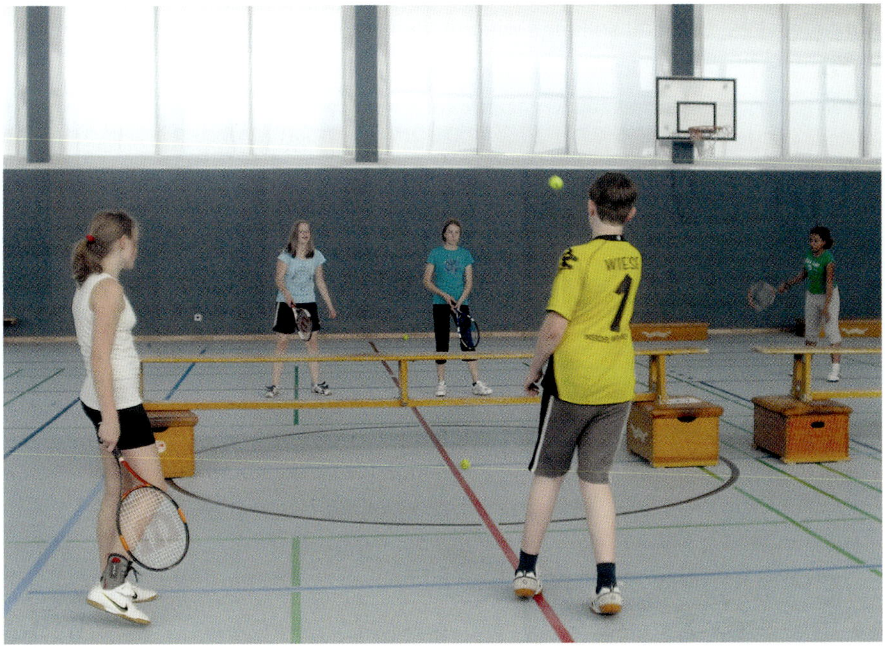

Regeln:

» Der Ball darf maximal nur einmal springen.
» Die Angabe darf nur von unten, nicht über Kopfhöhe erfolgen.
» Bälle, die unter dem Netz hindurch geschlagen werden, gelten als Fehler.
» Zählweise: 1, 2, 3, 4...
» Jeder Spieler hat zwei Angaben, bevor ein Gegenspieler mit Aufschlag an der Reihe ist.
» Der ÜL/Lehrer beendet das Spiel nach der vorher festgelegten Zeit. Wer dann in der ersten Liga gelandet ist, hat gewonnen.

3.3.1.3 Spielstunde mit größeren Gruppen auf einem Platz (zwischen 6 und 12 Spieler)

Aufwärmung und Einspielen

Rundlauf

Durchführung: Die Hälfte der Spieler stellt sich auf einer Seite des Netzes am T-Feld auf, die andere Hälfte auf der anderen Seite des Netzes an der T-Linie. Bei einer ungeraden Anzahl an TN beginnt die Seite mit der Angabe, auf deren Seite mehr Spieler stehen. Der Ball wird von der rechten Spielfeldhälfte in die schräg gegenüberliegende Hälfte angespielt. Der Aufschläger läuft anschließend gegen den Uhrzeigersinn außen um den Netzpfosten herum und stellt sich bei der anderen Gruppe hinten an. Abwechselnd nehmen jetzt jeweils die ersten der jeweiligen Reihe den Ball an und schlagen ihn in das schräg gegenüberliegende Feld.

Aufgabe ist es, den Ball so lange wie möglich im Spiel zu halten, ohne einen Fehler zu machen.

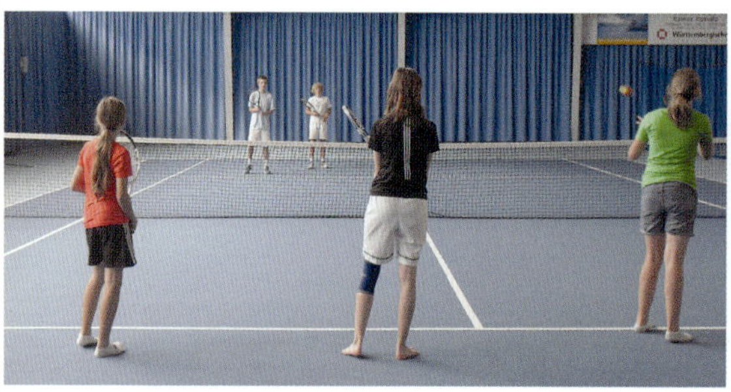

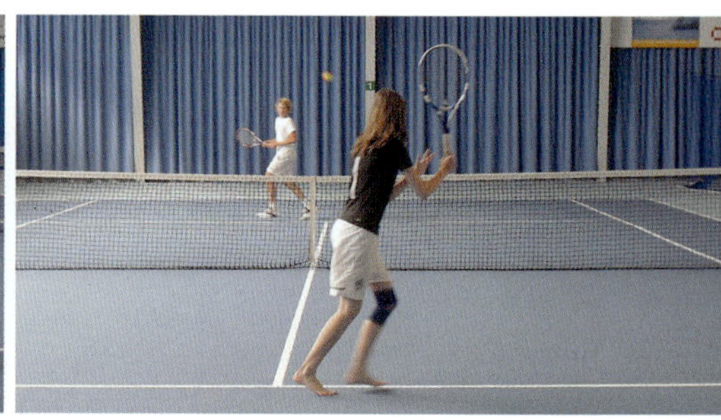

Variationen:

» Jeder Spieler hat drei Leben und bekommt eines abgezogen, sobald er einen Fehler macht. Wer kein Leben mehr hat, scheidet aus.

» Nachteil dieser Variante ist, dass diejenigen, die aus dem Spiel ausgeschieden sind, sehr lange Pause haben. Diese Zeit könnte mit Zusatzstationen am Rande wie Low-T-Ball gefüllt werden.

Hauptteil

Tischtennisdoppel mit einem Schläger

Durchführung: Die TN werden wiederum in zwei Gruppen aufgeteilt und auf beide Spielfeldhälften verteilt. Der erste Spieler in der Reihe erhält als einziger einen Tennisschläger und beginnt mit dem Ballwechsel. Sobald er einen Ball geschlagen hat, muss er den Schläger an seinen nächsten Mitspieler weiterreichen. Einen Punktgewinn erreicht man dann, wenn ein Punkt nach normalen Tennisregeln erzielt wird oder eine Gruppe es nicht schafft, den Schläger rechtzeitig zu übergeben.

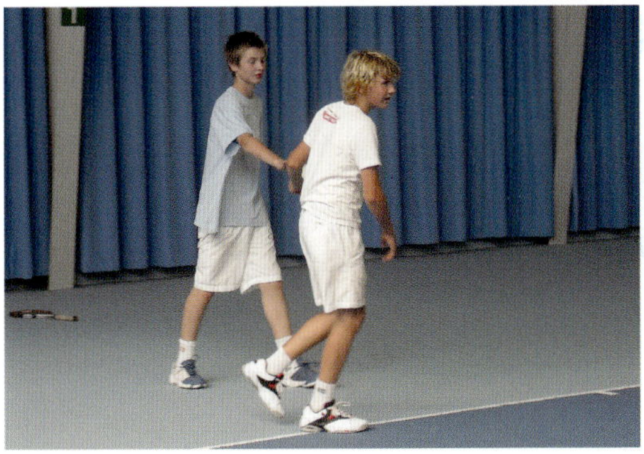 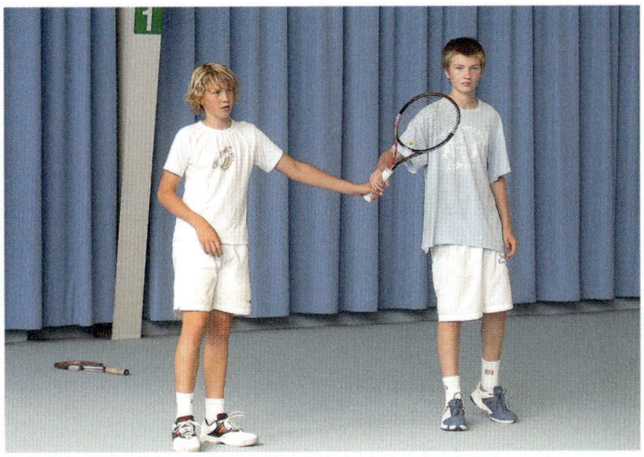

Variation: Je nach Spielstärke kann das Tischtennisdoppel im T-Feld, Midcourt oder Großfeld, auf einer oder beiden Spielfeldhälften durchgeführt werden.

Bobfahren

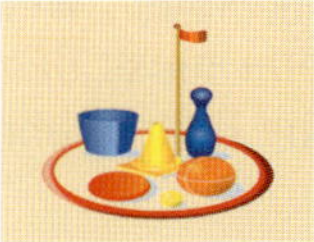

Für dieses Spiel eignen sich Methodikbälle, um Verletzungen zu vermeiden.

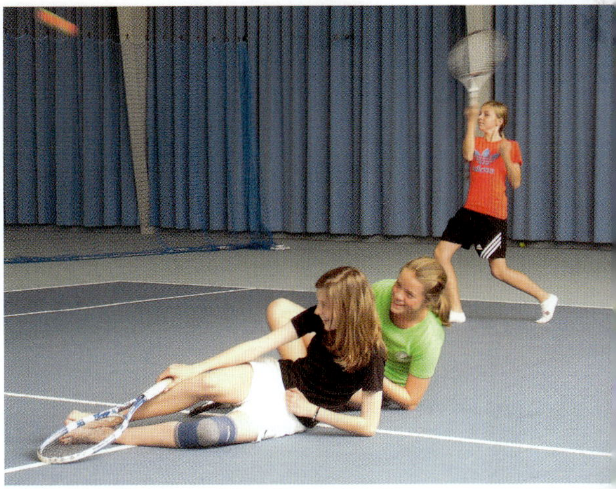

Durchführung: Die beiden Teams stellen sich mittig an den beiden Grundlinien auf. Die ersten beiden TN spielen einen Punkt gegeneinander aus. Der Sieger stellt sich bei seiner Mannschaft wieder hinten an, der Verlierer setzt sich auf seiner Spielfeldseite auf das T-Kreuz. Es folgen die nächsten Spieler.

Verlierer ist die Mannschaft, bei der zuerst alle sitzen oder ein sitzender Mitspieler abgeschossen wird.

Regeln: Die sitzenden TN dürfen den anfliegenden Bällen ausweichen, indem sie sich wie beim Bobfahren zur Seite neigen, sie dürfen die Bälle aber nicht mit den Schlägern abwehren oder gar ins Spielgeschehen eingreifen.

Variationen:

- Jeder Spieler schlägt immer nur einen einzigen Ball, bevor der nächste Mitspieler einsetzt.
- Die Punktzahl für den Gesamtsieg kann variiert werden. Beispielsweise kann eine siegreiche Runde als Punkt gewertet werden. Ein Gesamtsieg wird dann festgesetzt, wenn ein Team zuerst 5, 10 oder 15 Punkte erreicht hat. Möglich sind auch zwei Gewinnsätze bis 5 oder 7.

Abschluss

„Twenty and go“

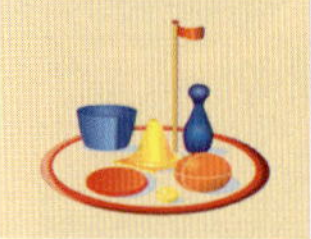

40 Tennisbälle (20 pro Team) und je eine Pylone.

Durchführung: Die Teams stellen jeweils eine Pylone in die linke Ecke des Tennisplatzes (hinten an den Zaun oder die Wand) und legen die 20 Bälle ebenfalls hinten, aber mittig an den Zaun oder die Wand. Startpunkt ist für alle die Pylone. Mit dem ersten Ballwechsel (Ball wird vom Trainer zugespielt) wird das Aufschlagrecht ausgespielt. Der Gewinner des Ballwechsels darf sich einen Ball vom eigenen Stapel holen und diesen mit einer Angabe von unten ins Spiel bringen. Währenddessen muss derjenige, der den Ballwechsel verloren hat, zu seiner Gruppe laufen und den nächsten abschlagen. Dieser läuft los und versucht, die Angabe zu erreichen. Anschließend wird der Ballwechsel ausgespielt. Wer den Ballwechsel gewinnt, holt wieder den neuen Ball. Der Verlierer muss den Nachfolger abklatschen. Sieger ist das Team, welches zuerst keine Bälle mehr auf dem Stapel hat.

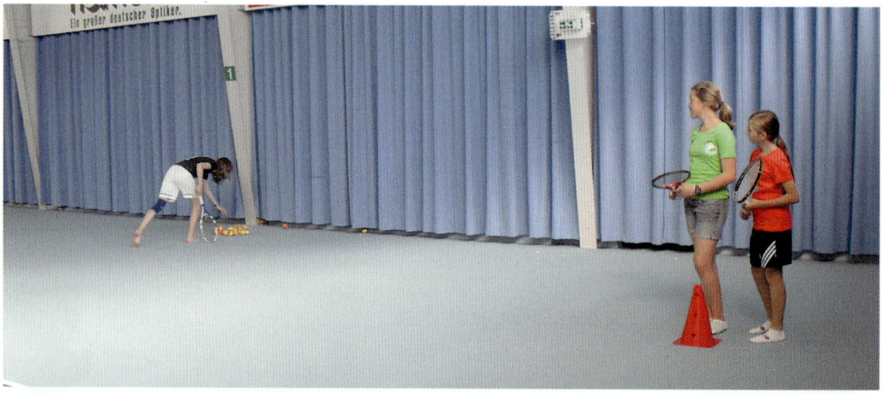

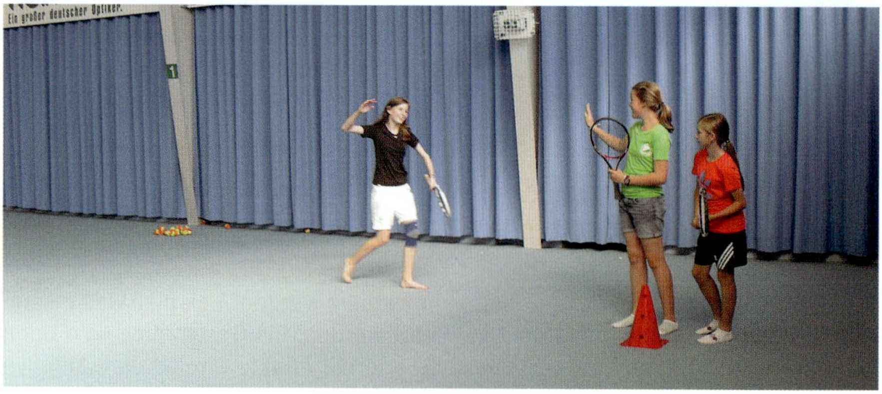

3.3.1.4 Schleifchenturnier

> Die TN sollen sich kennenlernen und herausfinden, dass jeder mit jedem spielen und dabei Spaß haben kann. Der Sieg steht dabei im Hintergrund. Wichtiger ist es, sich der Spielstärke der schwächeren Mitspieler anzupassen und Spielfeldgröße und Schlaghärte so abzustimmen, dass alle mitspielen können.

Aufwärmung

Chaosball

Durchführung: Alle TN stellen sich im Kreis auf und werfen sich den Ball der Reihe nach zu. Dabei sagt jeder zunächst den eigenen Namen. Ab der dritten Runde versucht jeder TN, sich den Namen desjenigen zu merken, zu dem er den Ball wirft. Dann wird noch einmal die Richtung gewechselt, sodass man noch einmal den Namen der Person nennen muss, die einem bis dahin den Ball zugeworfen hat.

Sobald sich alle die beiden Namen der neben ihnen stehenden Personen gemerkt haben, dürfen sich alle im kompletten Tennisfeld bewegen. Dabei wird der Ball weiterhin in der zuvor im Kreis festgelegten Reihenfolge zugepasst, egal wo sich die Mitspieler gerade im Feld befinden.

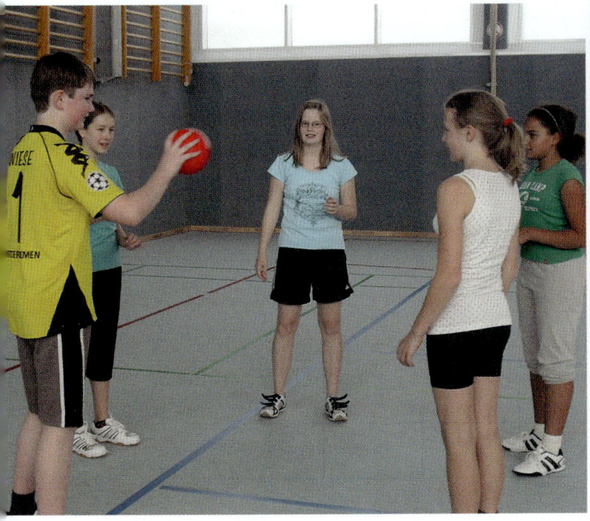

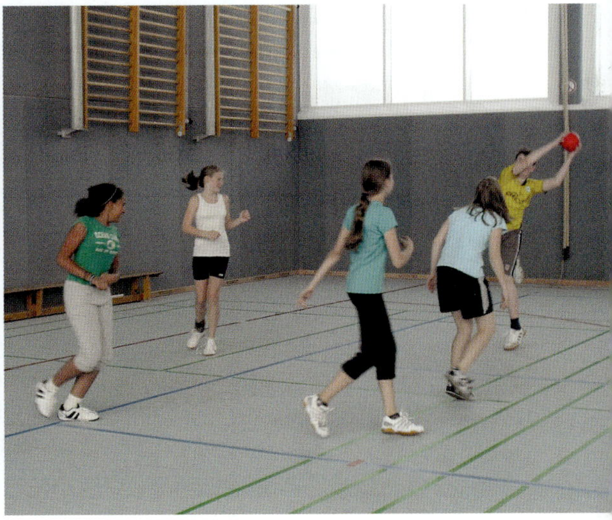

Variationen:

- Die Richtung des Balles wird variiert.
- Es werden mehrere Bälle ins Spiel gegeben, die alle in der gleichen Richtung weitergegeben werden.
- Es werden verschiedene Bälle verwendet, die auf unterschiedliche Arten und Richtungen zugepasst werden müssen: Basketball als Bodenpass, Tennisball mit der schwächeren Hand, Fußball als Einwurf etc.

Hauptteil

Turnier

Durchführung: Die Namen der TN werden einzeln auf Zettel geschrieben und in eine Losbox geworfen. Vor jeder neuen Runde werden dann neue Doppelpaarungen ausgelost, die über eine vorgegebene Zeitspanne ein Doppel ausspielen. Im Anschluss an die Spiele erhalten die Sieger jeweils eine Schleife (Wäscheklammer oder Ähnliches) bevor die nächste Runde startet. Wer am Ende die meisten Schleifen gesammelt hat, ist Sieger.

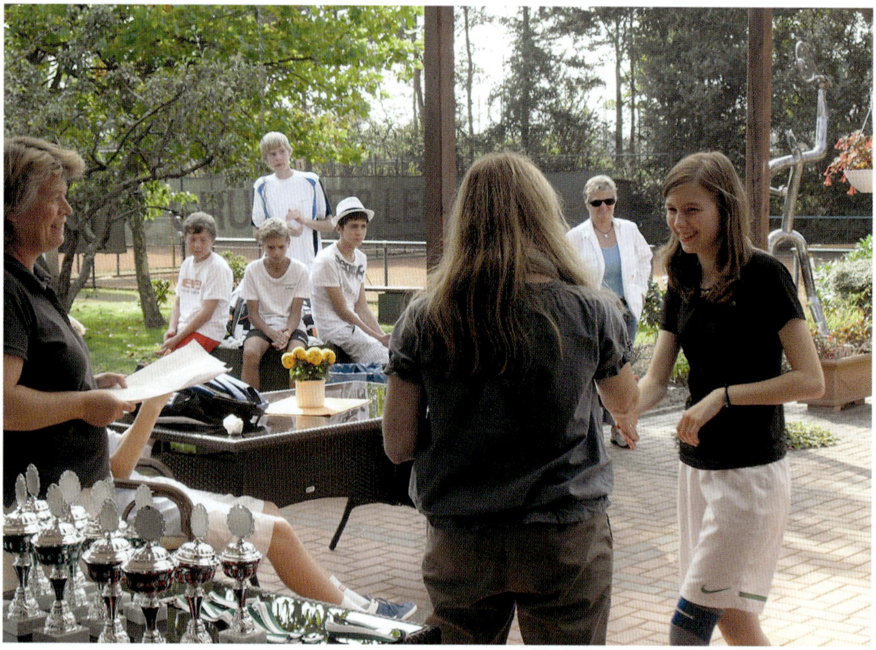

Variationen:

» Je nach Spielstärke können die Spiele natürlich im Kleinfeld, Midcourt oder Großfeld ausgetragen werden.

» Bei großen Leistungsunterschieden können zwei Losboxen Verwendung finden: In der ersten Box landen die gesetzten Spieler, in der zweiten die ungesetzten. Vor jeder neuen Begegnung wird dann ein gesetzter mit einem ungesetzten Spieler zusammen gelost.

3.3.1.5 Spaßturnier für alle

Der Schwerpunkt dieser Turnierform zielt eindeutig auf den Spaßfaktor, wofür unterschiedliche koordinative Aufgaben bewerkstelligt werden müssen. Dies hat häufig zur Folge, dass sich die Spielstärken angleichen und Leistungsunterschiede nicht mehr so deutlich zu Tage treten.

Aufwärmung

Zombieball

Mehrere Softbälle (ca. 15–20 cm Durchmesser).

Durchführung: Alle Mitspieler verteilen sich in einem vorgegebenen Feld und dürfen sich gegenseitig mit den Softbällen abwerfen. Wer abgeworfen wurde, muss kurz an den Rand und darf dann wieder ins Spielgeschehen eingreifen, wenn derjenige, von dem er abgeworfen wurde, aus dem Spiel ausscheidet. Dabei sind maximal drei Schritte erlaubt, sobald man den Ball in den Händen hält.

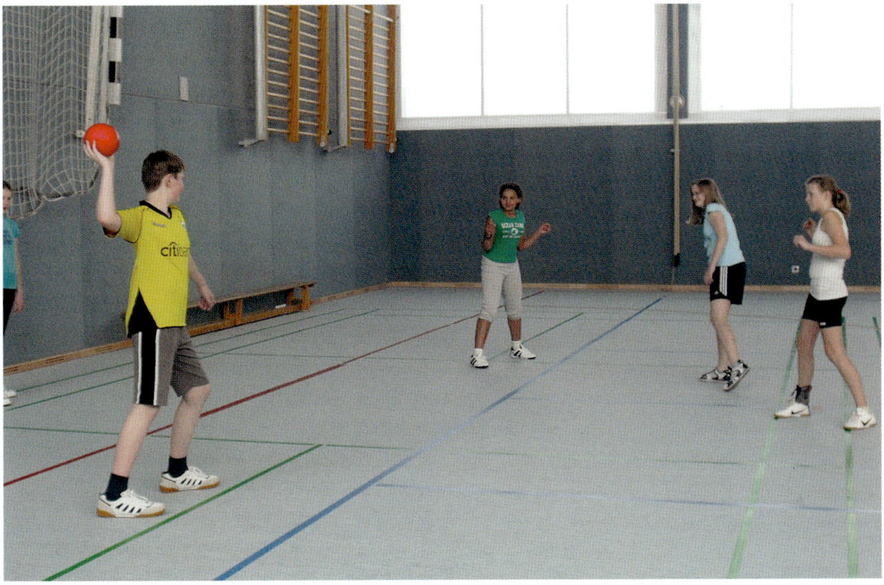

Variationen:

» Die ausgeschiedenen Spieler dürfen sich auch von außen wieder einwerfen.
» Es dürfen maximal drei Spieler außen stehen, alle anderen dürfen sich der Reihe nach wieder dem Spielgeschehen anschließen.

Hauptteil

Bundesliga mit Handicap (Spielform siehe 3.3.1.2)

Je nach Kreativität und Handicap-Wünschen sind unterschiedliche Schläger und Bälle notwendig, Augenklappen, Wassereimer, Seile, ...

Durchführung: Jeweils ein Zweierteam spielt gegen ein weiteres Team Punkte im Doppelfeld aus (entweder nach normalen Tennisregeln oder mit einfacher Zählung 1, 2, 3, ...)

Nach einer vorher festgelegten Zeit wird abgepfiffen. Die Siegermannschaft geht ein Spielfeld nach rechts weiter (steigt eine Liga auf), die Verlierermannschaft geht ein Spielfeld nach links (steigt eine Liga ab). Nur das Team, das in der ersten Liga gewinnt, bleibt an seinem Platz. Ebenso bleibt die Mannschaft, die in der untersten Liga verliert, auf ihrem Feld stehen.

Dabei können folgende Handicaps gegeben werden:

- Die Spieler erhalten unterschiedliche Schlagmaterialien: Holzschläger, Kinderschläger, Baseballschläger.
- Sie müssen mit der schwachen Hand spielen.
- Sie erhalten andere Bälle (z. B. Softbälle, Methodikbälle, Plastikbälle...).
- Jeder TN muss eine Augenklappe benutzen.
- Die Teams müssen ein Seil zwischen sich festhalten.
- Jeder TN erhält einen Becher mit Wasser.
- Die Spieler müssen nach jedem geschlagenen Ball die Seite tauschen.

Die Materialien können dabei entweder für alle in jeder Runde gleich sein oder aber für jede Liga festgelegt werden. Der Vorteil der letztgenannten Methode ist, dass nicht so viel Material notwendig wird. Als Nachteil muss gesehen werden, dass evtl. nicht jeder TN alle Varianten ausprobieren kann, falls nicht alle Ligen erreicht werden.

Als Sieger gilt am Ende das Team, das sich bei Abpfiff in der ersten Liga befindet.

3.3.2 Spielvorbereitung

3.3.2.1 Einzeltraining – Grundschläge

Es soll eine Verbesserung der Sicherheit und Präzision im Rahmen der Grundschläge erreicht werden.

Aufwärmung/Einspielen

Kombinationsübungen

Durchführung: Nach einigen Runden des Warmlaufens werden die nachfolgend erklärten Übungen gemeinsam absolviert. Sie dienen zur Dehnung verschiedener Muskelgruppen, schulen aber gleichzeitig koordinative Fähigkeiten. Sie sollten aus der Vorwärtsbewegung mit mindestens 3–4 Wiederholungen pro Seite durchgeführt werden.

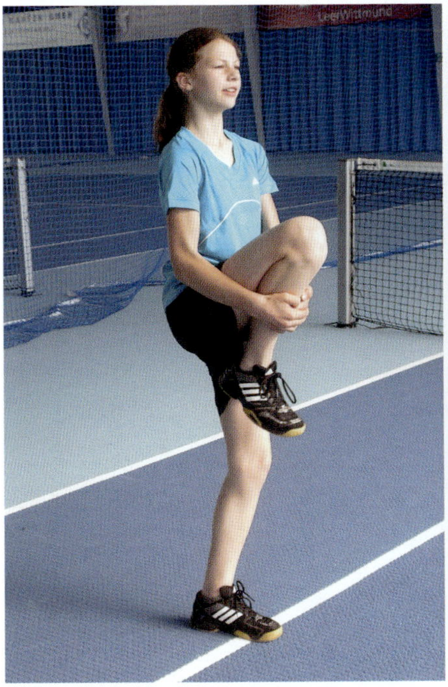

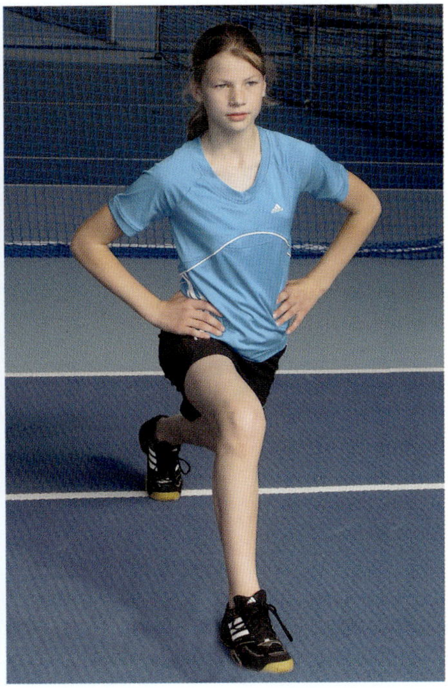

1. Aus der aufrechten Standposition wird das rechte Bein mit beiden Armen an den Oberkörper herangezogen, kurz gehalten und anschließend nach vorn bewegt, wo es so auf den Boden gesetzt wird, dass ein langer Ausfallschritt entsteht. In dieser Position wird wiederum kurz verharrt, bevor der TN sich aufrichtet (dieses Mal rechtes Bein als Standbein). Im Anschluss daran wird die Übung wiederholt, indem das linke Bein angezogen wird.

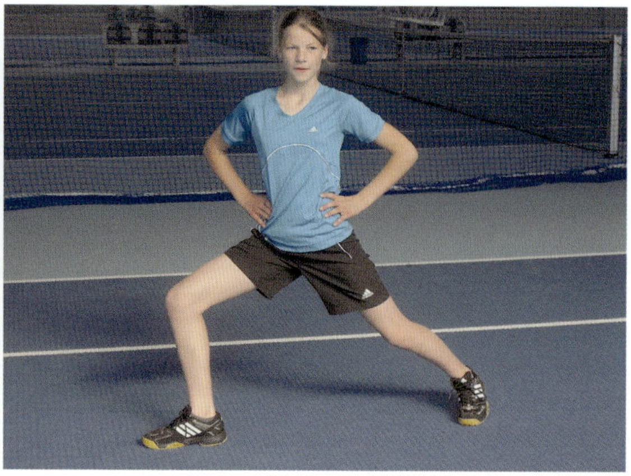

2. Die Übung 1 wird wiederholt, als Zusatzvariante wird der Körper in der Ausfallschrittposition allerdings zur Seite gedreht, sodass die Adduktoren gedehnt werden.

Tip–Top

Durchführung: Trainer und Schüler schlagen sich im T-Feld ein, wobei sowohl Schüler als auch Trainer beim Aufsprung des Balles vor ihnen laut „Tip" und beim Schlagen des Balles „Top" sagen. Dadurch soll ein gemeinsamer, gleichmäßiger Rhythmus entstehen, der auch bei späterer Vergrößerung der Distanz (Ziel: Grundlinie) erhalten bleibt soll.

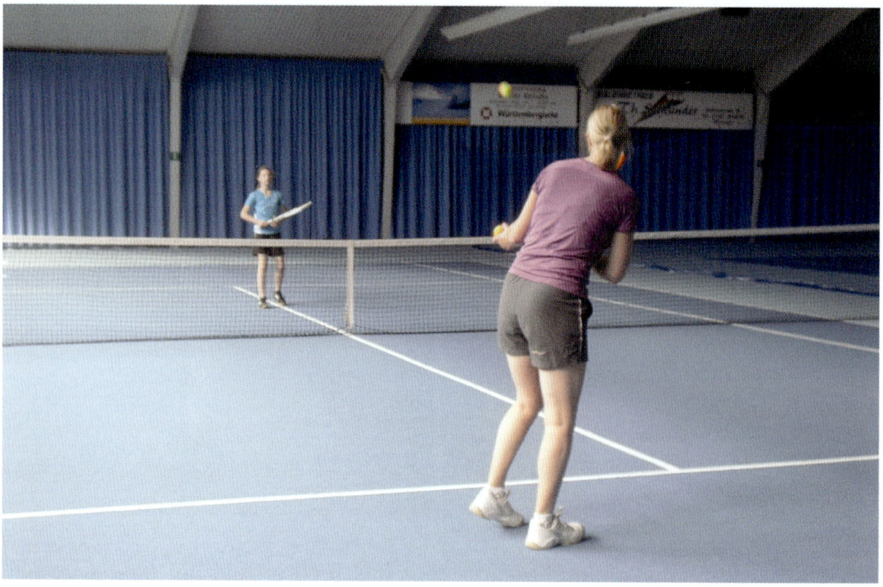

Hauptteil

Grundlinienkönig

Durchführung: Spieler und Trainer haben die Aufgabe, eine bestimmte Anzahl von Bällen hinter die T-Linie des anderen zu schlagen. Für jeden erfolgreichen Ball gibt es einen Punkt. Wer hat zuerst 20, 30 oder 40 Punkte?

Variationen:
» Bei großen Leistungsabweichungen können unterschiedliche Punktzahlen festgelegt werden: Schüler 20, Trainer 30 Punkte.
» Für jeden zu kurz gespielten (oder fehlerhaften) Ball wird ein Punkt abgezogen.

Durchführung: Spieler und Trainer spielen lange Bälle und dürfen dabei jetzt das komplette Feld ausnutzen. Die Geschwindigkeit und Genauigkeit der Bälle sollen ca. 70 Prozent des normalen Schlagvermögens nicht überschreiten, d. h., dass die Bälle nicht zu dicht an die Linien und nicht zu schnell gespielt werden sollen, damit der Partner sie noch gut erreichen kann. Die Sicherheit steht dabei im Vordergrund.

Einfacher Fehler

Durchführung: Trainer und Schüler spielen Punkte gegeneinander aus. Dabei erhält der Gegner nur dann einen Punkt, wenn derjenige, der den Fehler gemacht hat, diesen als einfachen Fehler einstuft. Bei Fehlern, die kaum zu vermeiden waren, da sie gut herausgespielt wurden, werden keine Punkte verteilt.

Hinweis: Dieses Spiel dient zum einen der Anwendung des zuvor geübten sicheren Spiels, zum anderen fordert es eine gute Selbsteinschätzung des Spielers. Bei großen Leistungsunterschieden können die Punkte des Schülers doppelt gezählt werden. Es ist natürlich auch möglich, dass der Trainer mit der schwächeren Hand spielt.

Abschluss

King of the Court

Durchführung: Trainer und Schüler spielen im Einzelfeld Punkte gegeneinander aus. Dabei zählen sie in Form von Minisätzen bis 3. Wer einen Satz (z. B. mit 3:2 oder 3:1) gewonnen hat, erhält einen Punkt, den er nicht mehr verlieren kann. Wer hat zuerst 5 Gesamtpunkte erreicht?

3.3.2.2 Einzeltraining – Netzangriff

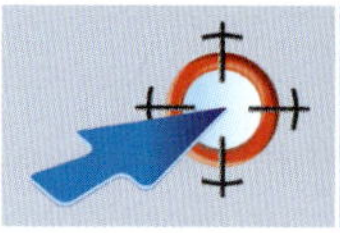

Der Übergang vom Grundlinienspiel zum Volley aus der Vorwärtsbewegung wird trainiert.

Aufwärmung/ Einspielen

Laufübung „Aufrücken"

Durchführung: Es werden folgende Markierungen (z. B. Klebestreifen in der Halle oder Markierungsstreifen draußen) auf dem Platz angebracht:

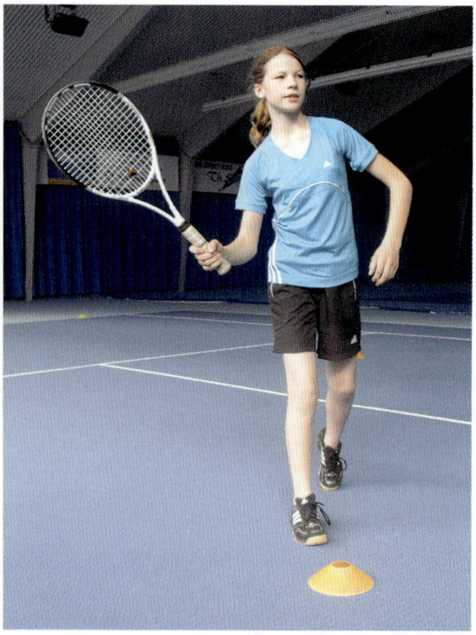

1. VH-Seite Grundlinie; etwa einen Meter von der Einzellinie entfernt: VH
2. RH-Seite Grundlinie; etwa einen Meter von der Einzellinie entfernt: RH
3. RH-Seite kurz vor der T-Linie: RH-Angriffsball oder VH-Inside-Out
4. VH-Seite kurz hinter der T-Linie: tiefer VH-Volley
5. RH-Seite kurz vor dem Netz: RH-Volley

Der Spieler hat nun die Aufgabe, die einzelnen Markierungen nacheinander anzulaufen, muss nach den beiden ersten Zeichen allerdings erst wieder Richtung Mittelzeichen zurück. Damit die Beinarbeit der späteren Laufbewegung im Spiel entspricht, sollte von Beginn an der Tennisschläger hinzugezogen werden. Der TN imitiert an jeder Markierung den entsprechenden Schlag (siehe oben).

Ballgefühl am Netz

Durchführung: Trainer und Spieler stehen sich in einer T-Feld-Hälfte mit geringem Abstand am Netz gegenüber. Beide versuchen nun, den Ball so dicht wie möglich hinter das Netz zu spielen und den Gegner dabei im Rahmen des T-Feldes laufen zu lassen.

Hinweis:
- » Der Ball darf nicht aus der Luft geschlagen werden.
- » Sollten die Bälle zu lang gespielt werden, kann eine Markierung im Abstand von ca. einem Meter hinter dem Netz angebracht werden.

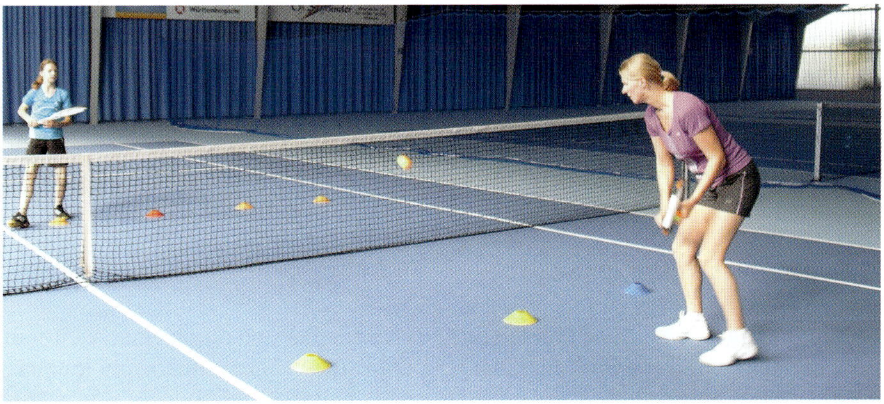

Volleys mit Partner

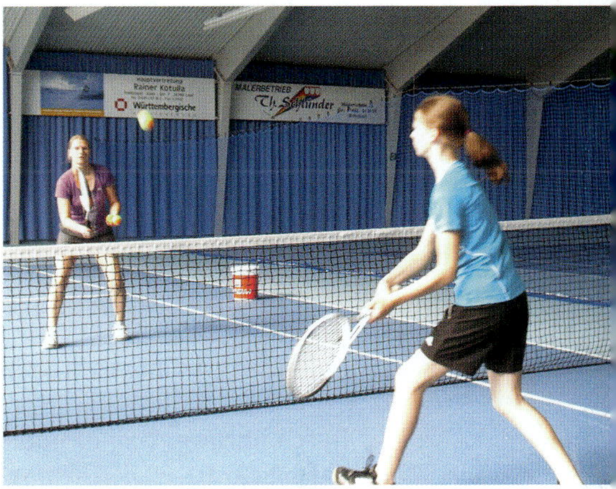

Durchführung: Trainer und Spieler starten nun mit dem Volleytraining, indem sie sich den Ball mit VH- und RH-Volleys zuschlagen. Dabei kann die Entfernung nach und nach vergrößert werden. Auf eine angepasste Beinarbeit ist von Anfang an zu achten.

Variationen:
» Der Spieler muss nach jedem gespielten Volley mindestens 2 Split-Steps durchführen.
» Zwischen den Volleys soll der TN schnelle Tappings absolvieren.
» Das Schlagen der Volleys erfolgt aus der Vorwärtsbewegung. Nach Abschluss des Ballwechsels wird wieder die Ausgangsposition (z. B. an der T-Linie) eingenommen.

Hauptteil

Volleyangriff – vom Ende zum Anfang

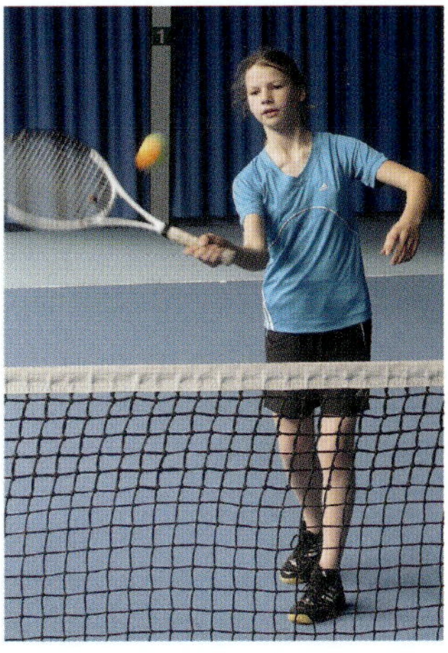

a) Volleyabschluss aus der Vorwärtsbewegung

Durchführung: Der Schüler erhält vom Trainer zugespielte Bälle auf die VH-Seite. Diese Bälle nimmt er aus der Vorwärtsbewegung mit einem VH-Volley an, den er cross zum Abschluss bringt. Nach jedem Volley begibt er sich wieder zurück zum Startpunkt an der T-Linie.

b) Volleyabschluss nach vorherigem Angriffsball

Durchführung: Der zuvor geübte Volley wird durch den vorherigen Angriffsball ergänzt. Der TN startet also von der GL, erhält einen Ball auf die RH-Seite, den er als VH-Inside-Out Angriffsball auf die andere Platzhälfte schlägt, rückt dann ans Netz auf und schließt den Ballwechsel mit dem VH-Volley ab.

c) Aufbau eines Netzangriffes

Durchführung: Die beiden in b) einstudierten Bälle werden durch einen weiteren Ball, nämlich einen RH-Grundlinienschlag ergänzt. Dieser kann sowohl longline als auch cross erfolgen.

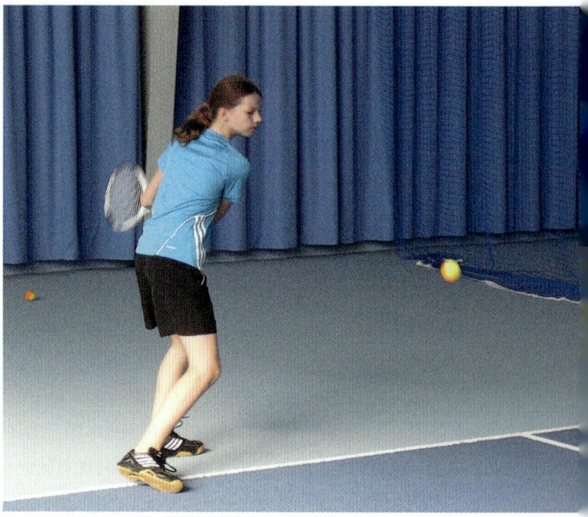

d) Netzangriff aus dem Ballwechsel

Durchführung: Die Übung c) wird nun mit Hilfe des Trainers aus dem Ballwechsel absolviert. Dabei wird die Richtung des Balles vorher festgelegt.

» RH-longline (oder cross)
» VH-Angriffsball Inside-Out
» Volley cross

e) Netzangriff aus dem Spiel

Durchführung: Trainer und Spieler eröffnen einen Ballwechsel von der Grundlinie mit ca. 70–80 % der maximalen Leistungsfähigkeit des Schülers. Sobald dem Übenden die Gelegenheit günstig erscheint, versucht er, den zuvor trainierten Spielzug anzuwenden.

Abschluss

Nur Volleys erlaubt

Durchführung: Trainer und Schüler spielen auf einer T-Feld-Hälfte Punkte aus. Dabei darf der Ball nur als Volley und nur von unten nach oben gespielt werden. Sobald der Ball im Feld aufspringt, erhält der Gegner einen Punkt.

Hinweis: Bei zu großem spielerischem Ungleichgewicht kann das Feld des Trainers vergrößert oder das des Schülers verkleinert werden.

Dieses Spiel ist hervorragend geeignet, das Fair-Play zu üben, sofern die Spieler selbst entscheiden müssen, wann ein Ball von oben nach unten geschlagen wurde und wann nicht.

3.3.2.3 Doppeltraining – Teil 1

In dieser Einheit lernen die Spieler, wie sie gemeinsam mit ihrem Partner das Spielfeld am Netz abdecken können.

Aufwärmung/Einspielen

Korridorball

1 größerer Plastik- oder Softball.

Durchführung: Zwei Mannschaften spielen gegeneinander und haben die Aufgabe, den Ball im gegnerischen Doppelkorridor abzulegen (es wird also quer über eine Platzhälfte gespielt). Dabei gelten folgende Regeln:

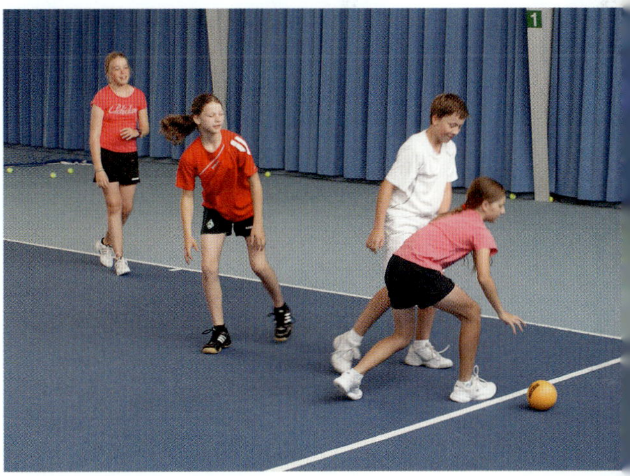

- » Wer den Ball hat, darf nicht mehr laufen, sondern muss abspielen.
- » Um einen Punkt zu erzielen, muss der Ball im Korridor abgelegt werden. Der Mitspieler muss demnach bereits mit einem Bein im Korridor stehen, wenn er den Ball erhält, da keine weiteren Schritte erlaubt sind.
- » Würfe aus kurzer Distanz werden nicht gewertet.
- » Körperkontakt oder Wegschlagen des Balles aus der Hand des Gegners sind nicht gestattet.

Die Spieldauer erfolgt meistens nach Zeitvorgabe. Wer dann die meisten Punkte erreicht hat, ist Sieger.

Variationen:

- » Das Spielfeld kann für jüngere TN verkleinert werden, indem nur der Bereich zwischen T- und Grundlinie als Spielfeld zählt. Die Laufwege sind dann deutlich geringer.
- » Für ältere Kinder und Jugendliche, aber auch für Erwachsene, hat sich die Zusatzregel bewährt, dass der Ball im Korridor direkt (d. h. aus der Luft) gefangen werden muss, um einen Punkt zu erzielen.

Stationstraining

Durchführung: Jedem Spieler wird ein Standort auf dem Platz zugewiesen:

Spieler A	steht auf der Vorhandseite der rechten Hälfte an der T-Linie und schlägt tiefe Volleys und Halbflugbälle.
Spieler B	befindet sich auf der Rückhandseite der rechten Hälfte an der Grundlinie und muss Vorhand- und Rückhandbälle schlagen.
Spieler C	nimmt seinen Platz am Netz der linken Spielfeldhälfte ein und muss normale Volleys und Schmetterbälle spielen.
Spieler D	wird ein Platz kurz vor der Grundlinie der linken Spielfeldhälfte zugewiesen. Er muss VH- und RH-Bälle schlagen und darf das Feld nicht nach hinten heraus verlassen.

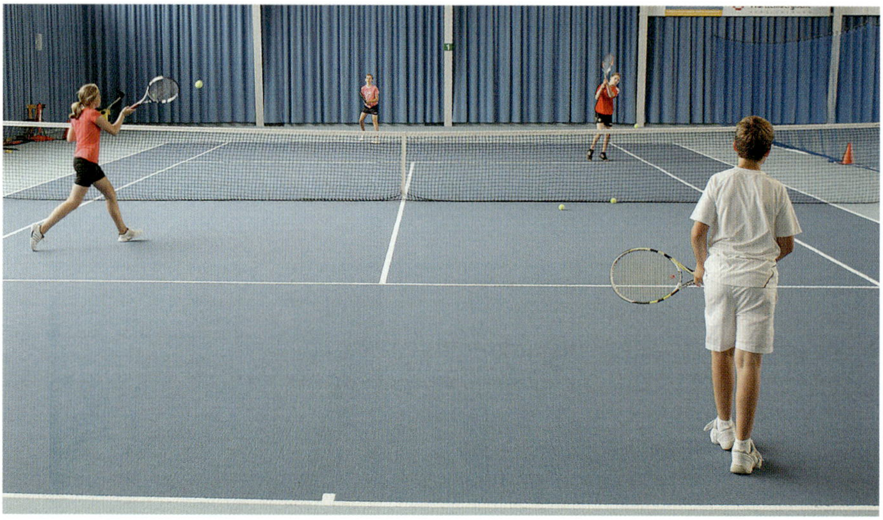

Nach jeweils 3 Minuten werden die Plätze gewechselt, bis jeder TN auf allen vier Positionen gespielt hat.

Hinweis:

» Um die Schläge von Anfang an zielgerichtet zu spielen, haben sich Zielfeldmarkierungen (wie eingezeichnete Felder oder einfache Pylonen) auf Seiten der Grundlinienspieler bewährt.

» Wie bei allen Einspielübungen sollten die Bälle so geschlagen werden, dass der Partner sie noch erreichen kann und Ballwechsel stattfinden. Sobald die TN zu viele Fehler machen, können Zusatzaufgaben erfolgen (z. B. wer schafft zuerst 30 Bälle ohne Fehler „Strafaufgaben“ wie 5 Känguru-Sprünge oder 5 Liegestütz pro einfachem Fehler).

Hauptteil

„Netzabdecken" ohne Lobs

> Wie muss man sich mit seinem Partner am Netz bewegen, um das Spielfeld komplett abzudecken?

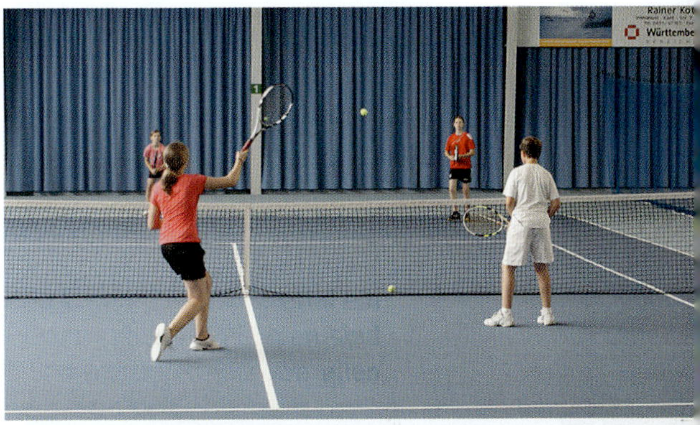

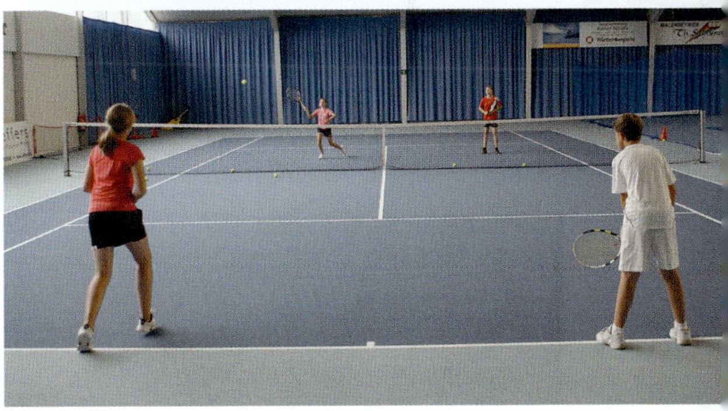

Durchführung: Ein Doppelteam steht nebeneinander an der T-Linie, die Gegner befinden sich nebeneinander an der Grundlinie. Mit dem Zuspiel eines Netzspielers begeben sich diese nach vorn zum Netz und spielen den Ballwechsel gegen die beiden Grundlinienspieler aus. Diese dürfen nur flache Bälle, keine Lobs schlagen. Nach dem Ballwechsel laufen die Netzspieler wieder zur T-Linie zurück und bringen den nächsten Ball ins Spiel.

Die Aufgabe der Netzspieler ist es, herauszufinden, wie die Spielfeldhälfte gemeinsam abgedeckt werden kann (seitlich mit dem Ball mitgehen, Abstand zwischen den Partnern belassen).

Variation: Die Erhöhung des Schwierigkeitsgrades erfolgt über die Zulassung von Lobs.

Volley-Big-Point

Durchführung: Team A (am Netz) spielt wie oben beschrieben Punkte gegen Team B (an der Grundlinie) aus. Gewinnen sie den Ballwechsel, bleiben sie vorn. Verlieren sie, müssen sie an die Grundlinie (der eigenen Hälfte) und Team B darf ans Netz. Schafft ein Team drei Punkte in Folge am Netz, werden die Seiten komplett gewechselt und das siegreiche Team darf weiterhin am Netz bleiben.

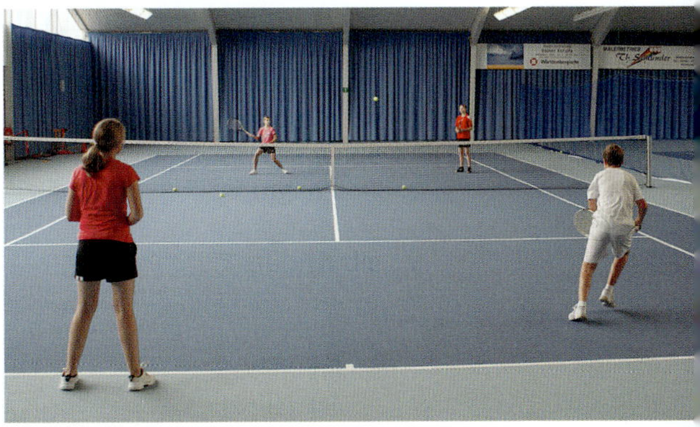

Das Spiel ist beendet, sobald die vorgegebene Punktzahl oder die zuvor abgesprochene Zeit erreicht ist.

Hinweis: Je nach Zielsetzung kann der Lob als erster Ball freigegeben werden oder nicht.

Abschluss

Alles oder nichts!

Durchführung: Die Mannschaften starten jeweils nebeneinander an der Grundlinie. Der Ball wird eingespielt (vom Trainer oder den Spielern) und der Punkt ausgespielt. Es werden allerdings nur die Punkte gezählt, die ein Team am Netz erkämpft. Alle von der Grundlinie gewonnenen Ballwechsel werden nicht gewertet.

Hinweis: Diese Zählweise bedeutet auch, dass ein Team, das es wagt, ans Netz zu gehen und den Punkt gegen die anderen verliert, keine Miesen macht, sodass die Angst, am Netz Fehler zu machen, verloren geht.

Eigene Ideen und Kommentare:

3.3.2.4 Doppeltraining – Teil 2

Das Zusammenspiel der Doppelpartner aus der normalen Doppelaufstellung soll verbessert werden. Dazu zählt das Aufrücken des Grundlinienspielers und das Einüben des „Wilderns“ von Seiten des Netzspielers.

Aufwärmung/ Einspielen

Beinarbeit mit Partner

3–4 Bälle pro Team.

Durchführung: Zwei Partner stellen sich mit einem Abstand von ca. 3 m, Gesicht einander zugewandt, gegenüber auf. Spieler 1 wirft Spieler 2 einen Tennisball zu (auf die VH-Seite), den dieser mit wenigen kleinen Schritten erlaufen, fangen und dann zurückwerfen soll. Anschließend begibt sich Spieler 2 wieder in seine Ausgangsposition und erhält den nächsten zugeworfenen Ball von 1 (auf die RH-Seite), der ebenfalls erlaufen werden muss.

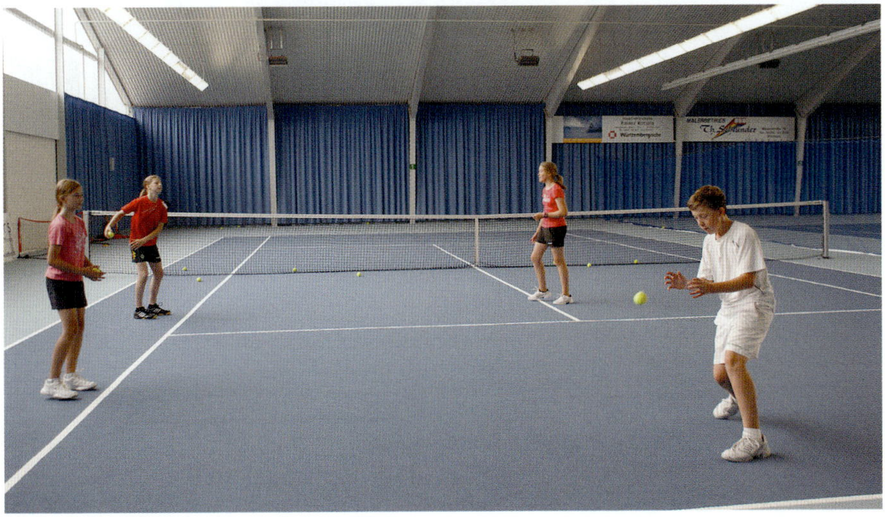

Variationen:

- Die Seiten werden nicht im Wechsel, sondern durcheinander angeworfen.
- Es erfolgt gleichzeitig eine Bewegung nach vorn oder hinten.
- Die Bälle müssen aus der Luft gefangen werden.

Volleytennis

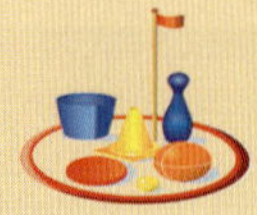

Tennis- oder Methodikbälle.

Durchführung: Zwei 2er-Teams spielen im T-Feld gegeneinander. Es sind pro Team jeweils drei Ballkontakte erlaubt (wie beim Volleyball), wobei der Ball zwischendurch immer einmal springen darf.

Variationen:

» Bei starken TN kann das Feld vergrößert werden, indem der Doppelkorridor hinzugerechnet wird oder das normale Doppelfeld (bis zur Grundlinie) als Spielfeld zählt.

» Außerdem kann die Zusatzregel eingeführt werden, dass der Ball während des Abspielens zum Partner nicht mehr den Boden berühren darf.

» Bei Kindern, die noch wenig Ballwechsel zustande bekommen, kann die Anzahl des Prellens zwischendurch auf 2 oder 3 erhöht werden.

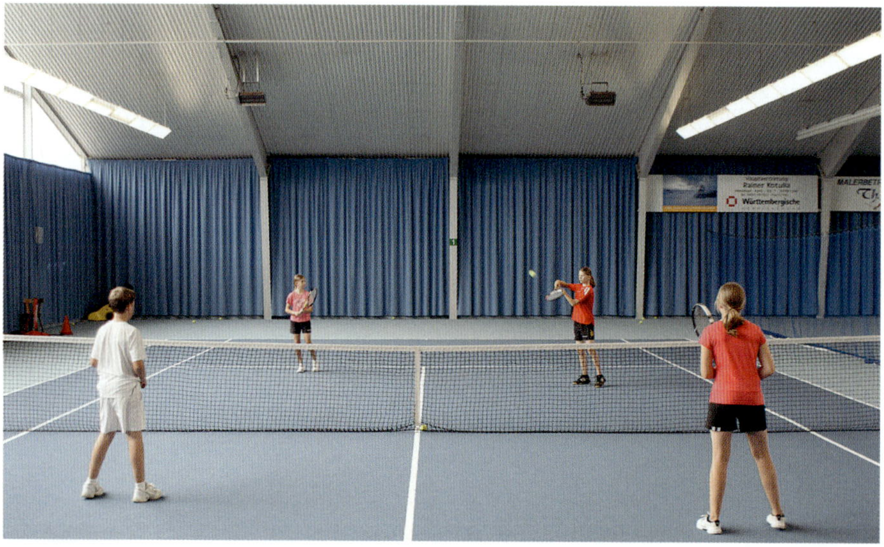

Hinweis:

» Dieses Spiel eignet sich gut als Vorbereitung für eine Doppeleinheit, da die Absprache untereinander einen hohen Stellenwert einnimmt.

» Die Angabe kann als lockere Angabe von oben erfolgen, um auf die spätere Serve-and-Volley-Übung vorzubereiten.

Hauptteil

Wildern

Durchführung: Die TN stehen sich in Doppelaufstellung (ein Partner am Netz, der andere an der Grundlinie) gegenüber. Ein Grundlinienspieler bringt den Ball cross ins Spiel und versucht, den Ball in einem gemäßigten Tempo mit seinem Gegenüber cross an der GL zu halten. Die beiden Netzspieler sollen versuchen, dieses Duell zu stören, indem sie dazwischen gehen und den Ball als Volley annehmen. Gelingt ihnen dies, spielen sie ihn zu dem GL-Spieler der Gegenseite zurück, damit der Ballwechsel weitergehen kann.

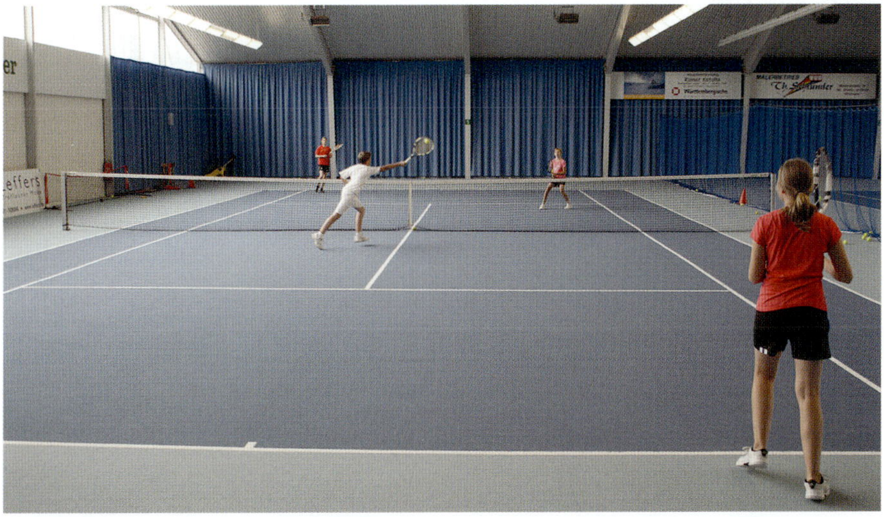

Hinweise: Es ist darauf zu achten, dass die GL-Spieler keine Lobs einbringen und den Ball eher im Einzel- als im Doppelfeld halten, damit die Netzspieler auch die Chance bekommen, die Bälle abzufangen.

Variationen:
» Die Übung sollte auf jeden Fall auf beiden Spielfeldhälften durchgeführt werden.
» Als weitere Schwierigkeitsstufe kann der Longline-Ball gestattet werden.
» Bei gutem Gelingen können selbstverständlich auch Punkte ausgespielt werden.

„Aufschließen" zum Partner

Durchführung: Aus der „normalen" Doppelaufstellung (ein Partner vorn, der andere hinten) werden Ballwechsel ausgespielt. Der Grundlinienspieler einer Spielfeldhälfte hat dabei die Aufgabe, während des Ballwechsels zu seinem Partner aufzuschließen (z. B. bei kurzem Ball der Gegner oder eigenem guten Vorbereitungsschlag). Der Partner am Netz versucht ihn zu unterstützen, indem er gute Gelegenheiten akustisch weitergibt.

Variationen:

» Auch diese Übung sollte sowohl auf der VH- als auch auf der RH-Seite gespielt werden.

» Sofern Punkte ausgespielt werden, dürfen beide Grundlinienspieler gleichzeitig versuchen, ans Netz zu kommen.

» Zusatzpunkte für einen geglückten Angriff steigern die Motivation.

Abschluss

Serve and Volley

Durchführung: Die Grundlinienspieler haben die Aufgabe, bereits mit dem Aufschlag ans Netz vorzurücken. Um die Erfolgschancen zu vergrößern, sollte die Aufschlagposition dabei weiter nach vorn gelegt werden. Auch eine Durchführung der Übung im Midcourt ist zu Anfang denkbar.

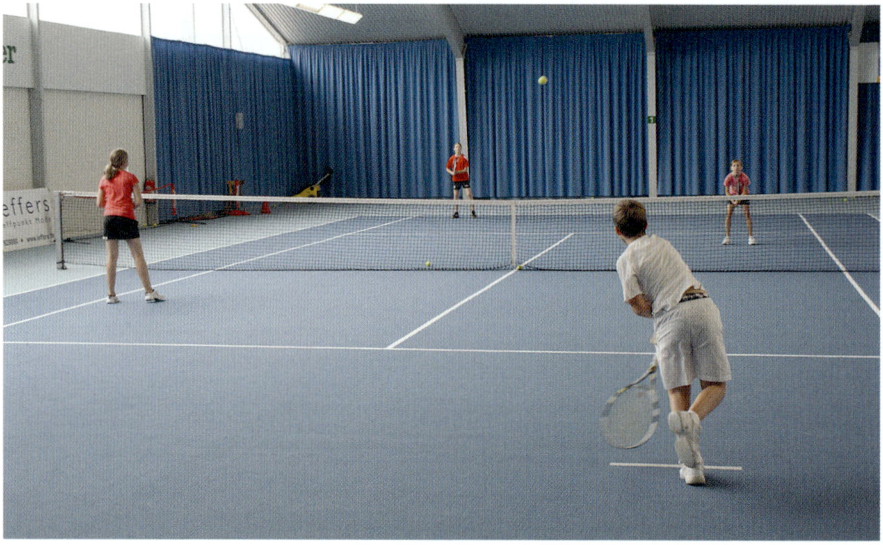

Hinweis:

» Neben der Aufgabe des Aufschlägers, das Aufrücken ans Netz zu trainieren, können Hinweise für den Returnspieler sinnvoll sein (beispielsweise das Schlagen vor die Füße des Aufschlägers).

» Abgesprochen werden sollten untereinander die Richtung des Aufschlages, um die Position des Netzspielers festzulegen (longline abdecken bei Aufschlag nach außen).

» Lobs sollten auch an dieser Stelle zunächst untersagt werden.

4. Anhang

4.1 Spielpläne

Wer hat zuerst 100 Punkte? (Spielplan zur Hockey-Staffel auf Seite 95)

Die erzielten Ergebnisse werden der Reihe nach in die nachstehende Tabelle eingetragen und zwischendurch zusammengezählt. Welches Team erreicht als erstes 100 Punkte?

	Start ↓	Fortsetzung ↓	↓	↓	↓	↓
Punkte						
Zwischensumme						
Endsumme						

Tennis-Pyramide

(Spielplan zur Hockey-Staffel auf Seite 95)

Durchführung:
Die Zahlen müssen von oben nach unten abgestrichen werden.

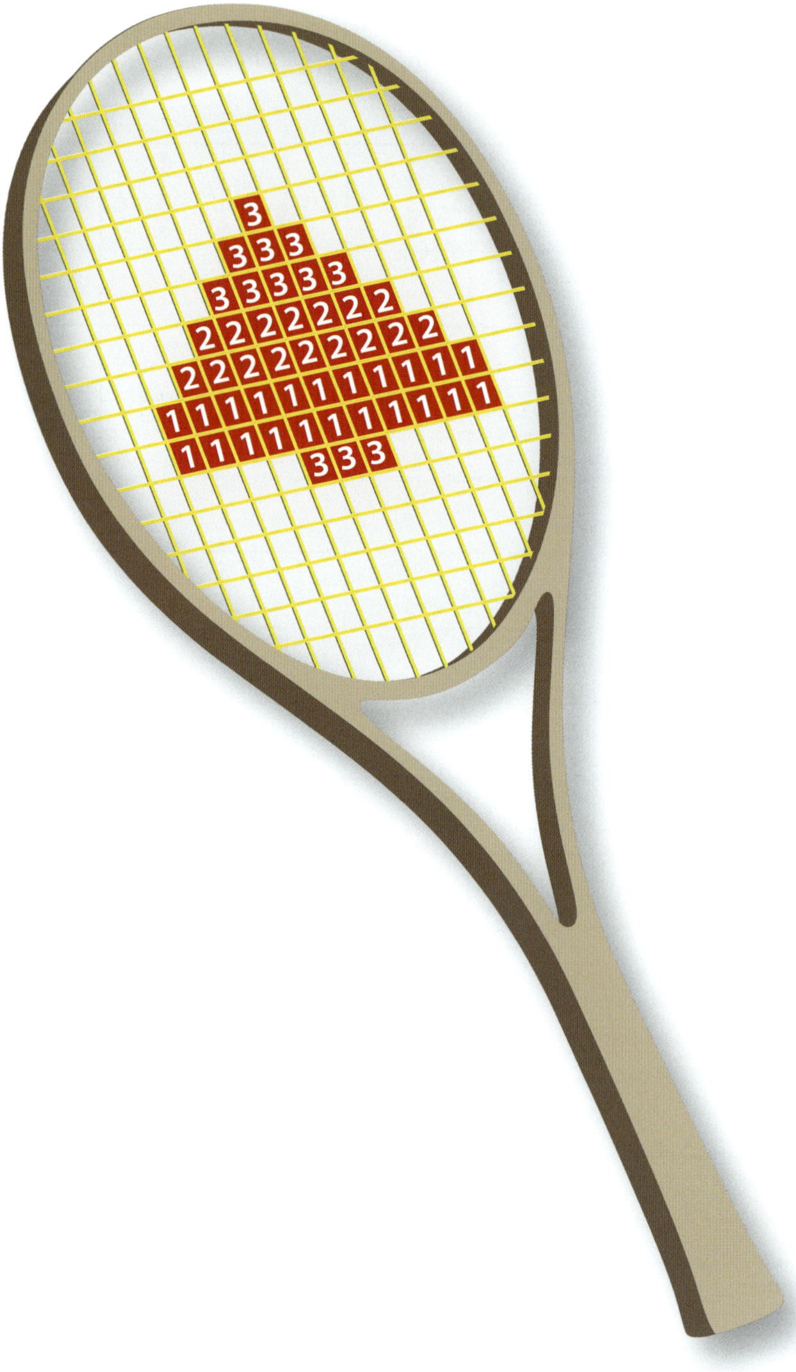

4.2 Turniertabellen

Tabelle und Spielplan
4er-Gruppe

	1.	2.	3.	4	Spiele	Sätze	Punkte
1.	-------------						
2.		-------------					
3.			-------------				
4.				-------------			

1. Runde: 1 geg. 3 / 2 geg. 4; **2.Runde:** 3 geg. 2 / 4 geg. 1; **3. Runde:** 1 gegen 2 / 3 gegen 4

Tabelle und Spielplan
5er-Gruppe

	1.	2.	3.	4.	5.	Spiele	Sätze	Punkte
1.	-------							
2.		-------						
3			-------					
4.				-------				
5.					-------			

1. Runde: 3 geg. 4 / 5 geg. 2; **2. Runde:** 4 geg. 1 / 5 geg. 3; **3. Runde:** 2 geg. 1 / 5 geg. 4; **4. Runde:** 1 geg. 3 / 4 geg. 2; **5. Runde:** 5 geg. 1 / 2 geg. 3

Tabelle und Spielplan
6er-Gruppe

	1.	2.	3.	4.	5.	6.	Spiele	Sätze	Punkte	Platz
1.	-------									
2.		-------								
3.			-------							
4.				-------						
5.					-------					
6.						-------				

1. Runde: 1–6; 2–5; 3–4
2. Runde: 1–5; 2–4; 3–6
3. Runde: 1–4; 2–3; 5–6
4. Runde: 1–3; 2–6; 4–5
5. Runde: 1–2; 3–5; 4–6

5. Literatur

BEZZENBERGER, R./KOCH, P.: Low-T-Ball. In: Sport-Praxis 5. 2004. 50–51.

BOYCE, S.: Tennis for Children: Walk the Dog. http://shaunboyce.posterous.com/tennis-for-children-walk-the-dog (6.9.2011)

DEUTSCHER TENNIS BUND: Mitgliederstatistik 2010. http://www.dtb-tennis.de/downloads/Bestand_2010pdf (1.9.2011)

ENGST, O/BEZZENBERGER, R.: Bringst du heute wieder das Holznetz mit? In: NTV-Schultennis-News. Ausgabe 01/2003. http:// www.sportpaedagogik-online.de/lowtball.pdf (6.9.2011)

HANCE, C.: The Tennis Kid, #3 „Games and Drills“, DVD-Serie

HORNIG, M.: Champions Coach. Dein privater Tennistrainer. Powerplay-Verlag, 2001.

KOCH, P.: Aktuelle Tennisentwicklung – Empfehlungen für die Vereinsarbeit. Skript anlässlich der Jahreshauptversammlung des TV Pfalz. 1.3.2004. http://tvpfalz.de/e178/e235/e1781/e1752/REFKOCHJHVTVP0401.pdf

NAGEL, V./ SPRECKELS, CH.: Mit Ballspielen zum Tennis. Ein sportspielübergreifendes Lehr- und Trainingskonzept. 2. Auflage. Meyer und Meyer. 2010

ROTH, K./KRÖGER, Chr./MEMMERT, D.: Ballschule Rückschlagspiele. Band 7 der Schriftenreihe für Bewegung, Spiel und Sport. Hofmann, 2002.

SCHÖNBORN, R.: Tennis: Techniktraining. 2. Auflage. Meyer und Meyer, 2000.

STEINHÖFEL, L.: Leistungstennis – Neue Trainingsformen. Meyer und Meyer, 1995.

WHEATLEY, S.: Mini-Tennis. Lesson Plans. 1. Auflage. Core Context Consulting. 2007

Schlusswort

Mein herzlicher Dank geht vor allem an meinen großen Bruder, Volker Bode, der mir in unserer gemeinsamen Trainerzeit zahlreiche der hier aufgeführten Übungen erst nahegebracht hat.

Die tollen Fotos konnten selbstverständlich nur mit Hilfe meiner „Models" ermöglicht werden, die Zeit und Geduld opfern mussten, um die perfekten Einstellungen zu erreichen. Jonas, Felix, Lars, Piet, Neele, Klaas, Christoph, Malte, Jan, Tom, Pia, Kim, Kea, Deike, Lina, Sofia, Zoris, Yassin, Derk, Theo und Lasse – seid herzlich gegrüßt!

Auch meine Fotografen, Geertje Wumkes, Olaf und Tom, mussten Nerven lassen. Aber seid versichert, dass ich es zu schätzen weiß!

Da Tennis ein sehr vielseitiger Sport ist, konnten im Rahmen dieses Buches noch längst nicht alle Techniken geschweige denn Spezialschläge berücksichtigt werden. Ich hoffe dennoch, dass die vorgestellten Stundenbilder die Praxisstunden zahlreicher Übungsleiter und Trainer bereichern, ihnen Anregungen und Anreize geben, ihre Stunden abwechslungsreich zu gestalten.

Viel Spaß beim Ausprobieren wünscht

Heike Ringat